啟動自主學習力

麹町中学校の型破り校長

非常識な教え

沒有段考、導師和功課的學校，

如何造就未來最需要的人才

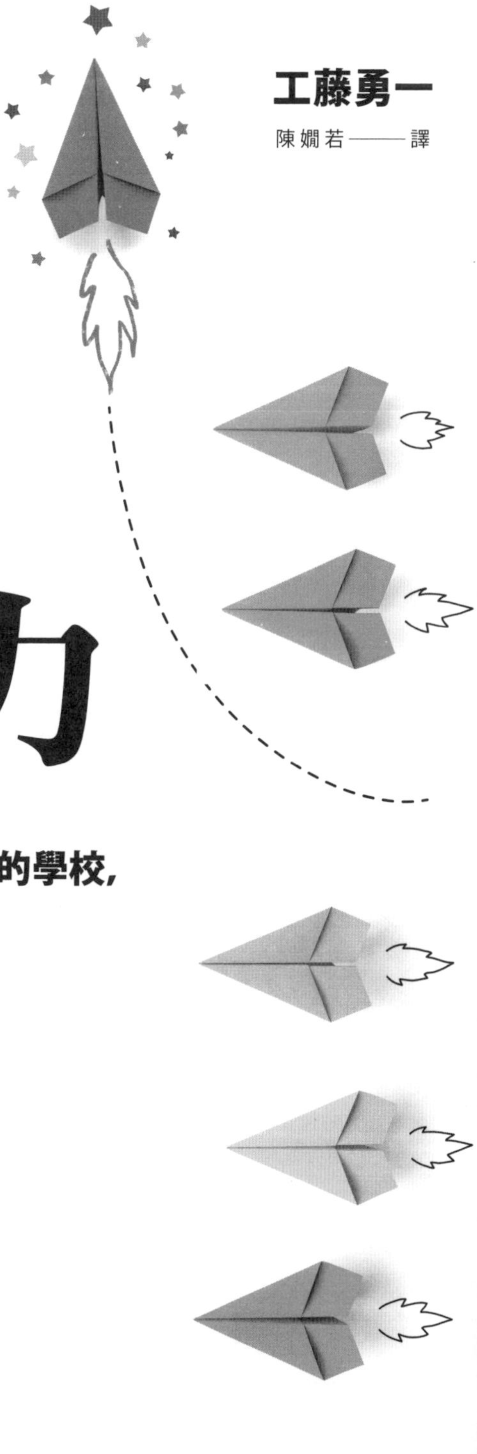

工藤勇一

陳嫺若——譯

1 質疑學習的「正確答案」

學習的本質是什麼

2

質疑「心的教育」
管教的本質是什麼

3

質疑「協調性、和睦相處」
多樣性的本質是什麼？

4

質疑「為了孩子好」
為了自律，父母可以做的事

序

希望他在這世上活得幸福快樂。

只要是父母，對孩子都有著同樣的期望。

今天，ＡＩ或ＩＯＴ（物聯網）等科學技術有了卓越的發展，經濟結構也產生了大幅的變化。孩子們的時代，已不再是進入一個公司就工作到退休的社會，面對時代的轉變期，自己思考、判斷、行動的「自律」能力越來越重要了。我相信不論是哪個父母都會希望孩子學會這樣的能力。

但是，父母為了孩子的未來著想，總是盡早試圖把孩子牽引到理想，期許能為他們打造較好的環境。從幼兒期開始讓他們接受ＳＴＥＭ教育、英語教育、電腦程式教育等，但是，如果這些「為了孩子著想」的熱心安排，反而剝奪了孩子學習自律的機會呢？

孩子原本就是自主性的生物，一味的灌輸，是一再剝奪他鍛鍊自主性的機會，於是，他便會成為一個習慣茶來伸手、飯來張口的孩子。這些孩子大多會漸漸抱怨接受事物的「品質」，嫌棄別人不會照顧、嫌棄教育方法、嫌棄教材……，只要發生任何不順心的事，就怪在老師或學校的身上，認為是「某人的錯」、「組織的錯」。聽起來很耳熟吧？這些孩子長大成為「沒有當事者意識的大人」們，也許就是日本今日的面貌。

六年前，我在千代田區麴町中學就任校長之後，廢除了學校各式各樣的「約定俗成」。從過去的教育來看，麴中的教育改革全都不合常理。

- **廢止作業**
- **廢止段考**

・撤除髮禁、校服規定

・廢止固定導師制

進而教導學生「不是只有協調性才重要」、「同學不用和睦相處」、「不用改變想法，而是改變行動」。校慶活動全面授權給學生舉辦。

現今的教育中，「符合常理」的教條，照我來說全部都剝奪了孩子的自律精神。因為，父母和師長全都迷失了教育最高的目的，而把眼前的手段當成目的了。結果就是破壞了孩子的自主性、熱情和創造力等能力。

麴町中學的最高目標，是培養出「自律的孩子」，換言之，就是「不歸咎別人的孩子」。而且我們也教學生「每個人都不一樣，當然會發生對立」、「我們該怎麼做才能克服彼此的不同呢？」

「世間並非都是壞事，當個大人也很酷！」

讓學生們有這種想法，就是麴町中學的最高目標。麴町中學的學校改革成果，逐年顯現。

「打破陳規」、「公立學校竟能做到這種改革！」許多媒體爭相報導，幾乎天天都有文部科學省與全國教育人士前來訪察，矚目度也跟著提升。二〇二〇年新生入學的學校說明會，擠進超過招生名額三倍的參加者，造成座位不夠的混亂場面。

本書是根據麴中的做法，以及個人四十餘年教師生活培養的思考為基礎，第一本針對父母寫成的教養論。

老實說，當出版社來邀我「寫一本對家長說明的書」時，我十分猶豫。因為畢竟我是個中學教師，說到教養，我只養育過兩個兒子，即使如此，我也全部交給內人負責。我自己和讀者一樣，都只是個為兒煩惱的父親。

但是，另一方面，我也想一面回想教育孩子的過程，一面與大家一起思考

「教養」這件事。因為透過過去的教師生活，孩子們的成長總是會令我驚奇不已。

麴町中學從某個意義來說，是一所幫私立學校「墊底」的學校，這裡招收了許多在私校考試失敗，自我肯定受到打擊的孩子。入學之後，國一的學生幾乎每天都會發生同學之間的問題。

但是，一開始懷著自卑感、沒活力、依賴性強的學生們，升上三年級時，全都蛻變成充滿自主學習力的學生，甚至成為學年的中心人物，有著驚人的表現。不論是在發展上有特色或沒有特色的孩子，全體一起建立起「出頭鳥不會被打」的空間。

期望這本書介紹的「非典型教育」，能夠成為孩子自律的助力，並且成為改變蔓延日本教育界之「常識」的契機。

好，讓我們開始吧。

1

質疑學習的「正確答案」

學習的本質是什麼

沒有作業

在學校學習，在補習班學習，寫作業。成人社會熱中高喊「勞動改革」，但是現在孩子的世界的勞動現況卻十分苛刻。

麴町中學廢除了作業，最先，我們是從暑假作業歸零開始做起，第四年開始，全面廢除了每天的作業。

老師和家長中當然有人無法接受、表示反抗。但是我以堅定的信心，不厭其煩的一再說明，然後付諸實現。

這個政策並不是只為了減輕孩子的負擔，讓他們不用為大量的課業忙昏頭。所謂的作業，學校的這種約定俗成的習慣，太過固定為「被動式學習」。而且，作業剝奪了孩子們自律學習的意願。

這怎麼說呢？

到底一開始，我們為什麼要讓孩子寫作業？

非常識教育 1　漢字習題的「最高目標」是什麼？

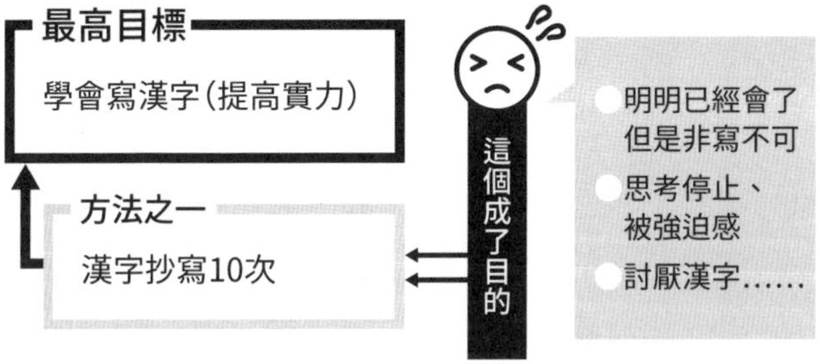

學會寫漢字（提高實力）
方法之一
漢字抄寫10次
這個成了目的
明明已經會了
但是非寫不可
思考停止、

討厭漢字……

請想一想它的目的。

目的無非是「提高孩子們的學習實力」。

但是，實際的作業很難說能達到這個目的。

舉例來說，漢字填空的作業，老師出的習題是：「考試寫錯的話，每一個字罰寫二十遍交上來」，於是孩子們寫二十個「變」，抄二十個「做」，「真希望早點寫完」，這種無窮無盡的寫作業經驗，大家小時候應該都有過。

漢字填空原先的目的，是記憶漢字，如果寫作業能夠因此記住也就算了，但是現下的實情是孩子們停止思考，充滿了被強迫感。

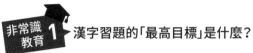

根本上，已經認識這個漢字的孩子和寫兩三次就記得的孩子，沒有必要寫幾十遍。然而，我們卻將**原本只不過是手段的「寫作業」當成了「目的」**。

其中還有目的混沌不明的作業。

我讀小學的時候最討厭的一堂課是作文，因為我不太懂，作文究竟是寫給誰看。最後，我把老師當成對象，寫下暑假的回憶，以「很快樂」收尾。對於讀寫都不擅長的我來說，寫作文無異是「拷問」。

由於自己有過這種慘痛的經驗，所以在麴町中學，完全沒有讀書心得之類的習題。當然，有些孩子喜歡寫文章，所以，我們會給予這些孩子揮灑實力的空間，在這樣的目的下出作文作業給想寫的孩子寫。不過我們不強迫全校學生寫作文。

書桌前讀書的習慣，真的重要嗎？

話雖如此，有些家長十分擔心廢除作業的話，

「孩子們在家就不讀書了。」

「會不會無法養成學習的習慣？」

這種擔憂我們可以理解，本校決定廢除作業的時候，也接到不少同樣的批評和擔憂的聲音。

身為父母，「想讓孩子養成學習習慣」也許是極其自然的想法。

但是，我們必須思考的是「本質」。歸根究柢，到底什麼是「學習習慣」呢？大人認為的學習習慣，很多人都把它解讀為「（遵從大人決定的規則）坐在書桌前長時間用功」吧。

「坐在書桌前念書的習慣」有什麼不好？

可能有人會這麼問。但是，對那孩子的人生來說，它是真正重要的事嗎？

冷靜思考一下，你應該會發現並非如此。

回顧我的童年時代，念書是需要時才做的事，並不是每天到了「固定時間」就開始的活動。一方面我父母對我念書從不嘮叨，但多數家庭也都這麼認為，所以從小在每天固定時間學習的人，算是少數派吧。

這個概念放在工作上也是一樣，我們大人有需要的時候才會坐在書桌前，公司追求的是工作品質和其成果，在辦公桌前從早上九點坐到下午五點並不是工作的本質，這個道理，不論哪個大人都懂。然而，一提到孩子的學習習慣時，突然就以「在書桌前坐了幾小時？」作為標準了。

我認為學習習慣，是讓孩子可以學會配合需要，「自主性」的學習。

因此，大人應該做的，不是強制孩子長時間的「被迫學習」，而是提高孩子的學習意願，而且找出適合自己的學習模式，**如果把坐在書桌前當成了目的，很可能他會成為不催就不動的孩子。**

本來，學習就是一輩子的事。

有些孩子誤以為從高中、大學畢業「就不用再學習了」，那是他們認定了學習是被大人強制做的事。二十幾歲時知識量也許與同年齡層差不多，但是到了四、五十歲時，孩子能做到多少自主學習，會帶來差距極大的結果。

我們經常會忘記，一天只有二十四小時這個事實。

日本原本就是個學習時間漫長的國家，許多孩子一大早來學校，直到傍晚才離開，然後直接到補習班，回家之後還要寫作業，被要求做苦工。自己的時間所剩無幾。

如果是這樣，把有限的時間花在為了不觸怒大人而坐在書桌前的這種目的，真的好嗎？孩子長時間坐在書桌前，成績未必就能突飛猛進。

孩子也很有可能雖然坐在書桌面前，卻沒有集中精神，反而嘟嘟囔囔的說：「念書真麻煩」、「真想趕快玩電動」、「玩了又會被罵……」

聽我這麼說，很多家長會想：「孩子每天只曉得玩沒關係嗎？放著不理他沒問題嗎？」

我是這麼想的。「如果得要勉強他，他才願意讀書的話，玩樂的時間對孩子有益得多。」

玩電動、畫漫畫、勤於鍛鍊肌肉、發呆。

對孩子來說，這是無可取代的「特別時間」，因為即使從大人的眼光來看，**這種作為「無生產力」，但那些全都是「自主」安排的時間**。

已經懂了的知識不用再讀

「學習」，是在想懂得本來不懂的事、會做本來不會做的事時才需要。所以已經學會的功課，又強迫他做作業，孩子從中能學到的事十分有限。

天才國中生棋士藤井聰太曾經問老師這句話，引發大家的議論。

「我已經認真聽課，為什麼還要寫作業？」

聽說後來導師解釋了作業的意義，他理解之後開始動手做。從這樣的對話，也可以看出在將棋的世界，他已經具備了自律的思考。在二十四小時的有限時間中，他希望挪出時間下將棋，哪怕幾分鐘也行。對他而言，無用的作業剝奪了將棋的時間，他一定很希望能減少吧。從這句話彷彿能聽到他的心聲。

如果老師要出作業給孩子，著眼點應該在孩子能不能感受到自己在「學習」。如果不能，那不只無意義的剝奪了孩子寶貴的時間，恐怕也會成為孩子討厭念書的原因。

若要孩子自主願意讀書，可以附加以下兩個條件。

1 已經懂了的功課可以不用做。

2 如果有不懂的地方，一個、兩個都行，把它完全搞懂為止。

第一個條件就如前面所寫，分時間給已經懂了的功課，等於浪費時間。重點在第二點。

統一出的作業，對孩子來說，「完成作業」就成了目的。於是，自己會解的問題雖然只有八成，但只要交出作業，就會得到老師或父母的讚美，孩子自己也會很滿足。但是，對孩子來說，不懂的問題還是不懂，這樣根本沒有學習到。

另一方面，如果要求孩子「把不懂的問題，完全搞懂為止」，則作業（自主學習）的目的，就聚焦在「把不懂的功課搞懂」這一點上。

於是孩子們會展開形形色色的思考，像是「哪個部分不懂？」、「怎麼樣才能搞懂呢？」

有些孩子會去問父母或兄弟，有些孩子會在下課後去問老師或同學。也許還有些孩子去圖書館借書、用Google查找，或參考Yahoo知識＋。

找到答案的路不只有一條，重要的是思考過程。

「好像有很多種方法，但是哪一種最好呢？」讓孩子自己思考，實際去測試。

一而再的體驗過這種思考方式後，孩子們心中會意識到**「想要學會不懂的知識，必須採取某些行動」**。而且，從經驗中可以知道什麼樣的行動適合自己，由此奠定自己的學習模式。等他長大之後，那就是他解決重要問題的模式，直接關聯到孩子未來的生活與工作方式。

大量的作業是為了方便老師

話雖如此，即使家長不想強制孩子念書，也會擔心不寫作業，學校的成績會不會退步。這種憂慮很自然，因為交作業與成績有直接關係也是事實。

為什麼必須出作業呢？因為大半的學校，把作業當成評估孩子的好用方式，原因來自國家制度上的問題。

我們也必須指出出作業者的問題。

我想很多人已經知道，公立學校打成績的方式從相對評比改成了絕對評比。相對評比的時代，固定分配一班學生的分數比例，得「1」分的孩子占全班的七%，得「2」分占二四%，得「3」分占三八%，得「4」分占二四%，得「5」分占七%。所以，如果是四十人的班級，能得「5」分的學生為四〇×七%＝二．八人，所以只有兩人。也就是說得到「5」分的話，一定在全班前兩名，從前「全科滿分」真的是神童的等級。

但是，在這個架構下，如果全班的水準都很高，那麼會讀書的學生相對上評價會比較低。因此才將評比方式改成「絕對評比」，到這裡都算相當合理。但是，絕對評比必須有判斷標準，超過什麼等級才能給「5」分。這個標準的設定十分困難。

文科省推薦的絕對評比標準，為以下四個項目各占二五%。（部分學科為五個項目）

1 興趣、積極性、態度
2 思考、判斷、表現
3 技能
4 知識、理解

2～4可以用紙本考卷測驗出來。但是1的「興趣、積極性、態度」項目對老師來說，卻很頭痛。在共同授課形式下很難發現差異。因此，越來越多老師用「有沒有寫作業」來判斷學生的「興趣、積極性、態度」。

說得極端一點，有的老師甚至不管作業內容如何，只看學生有沒有交作業。這種狀況也分成兩類，有的老師屬於善意型，不擅長念書的孩子只要交作業，就給予評分。另一種老師則是本身教務繁忙，根本沒空看內容。

不管哪一種，在文科省發出將評比制度改為絕對評比的公文之後，公立學校的作業急速增加，所有學科的老師都有同樣的煩惱，於是所有學科的作業都增加了。

與大人接受的學校教育相比，現在孩子們的作業量遠比以前多得多。而且，文科省並非刻意如此，而是發生了超乎預期的副作用。

我無意在此批評日本的教育制度，我想的是，大人們必須懷著當事人意識，重新探究現在的教育，是否真的以培養自律的孩子為最高目的。

「臨時抱佛腳」的話，段考沒有意義

那麼，如何讓孩子學會學習模式呢？提示是麴町中學執行的「廢止段考」。

很多人聽到這個政策都十分吃驚，但是麴町中學不但沒有作業，也沒有期末考，全部廢除。

相對的，我們每年實施四～七次「實力測驗」（其中三次為可以與全國、全首都比較的標準測驗）、每個單元結束時實施「單元測驗」，還有範圍比單元測驗小的「小測驗」等三種（三階層）測驗。

三種測驗中，只有單元測驗列入成績，由於每個單元的跨距短，一次學習的分量沒那麼多，而且，學生知道它會列入成績，所以大家都會專心用功。這個單元測驗的分數如果不符期待，學生可以**自主申請再挑戰**。這個再挑戰制度，正是每個孩子養成學習模式的關鍵。

接受一次測驗，孩子就明瞭自己不懂的問題在哪裡，若用成人的表現方式，就是問題的「可視化」。

而且，申請再挑戰的話，將不採納第一次測驗的分數，而是以再挑戰的最後測驗分數作為成績。如果是「一試決勝負」的考試，孩子們雖會因為分數而憂喜參半，但是卻不太有心仔細重新檢查答案結果。但是，如果有雪恥的機會又會如何？孩子已經了解了問題所在，便會憑著自己的意志，努力去把問題搞懂，並且開始做各種嘗試「怎麼樣才能搞懂它」。

重新學習的話，第二次測驗的分數一定會進步。

這裡有個重要的重點，重考後分數進步的孩子會得到「40分變成60分」的成功體驗。**如果是「一試決勝負」的考試，意識會傾向「跟別人比分數」，所以即使實力進步了，很多孩子還是無法開心得起來。**如果是跟自己比較，就能真正為自己高興。

僅僅引進「可以再挑戰的單元測驗」，就能引發孩子的學習意願，不過麴町中學還在課堂上實施「小測驗」。

小測驗的定位是單元測驗的熱身練習。

總之，「小測驗能過關的話，單元測驗就安全了，而且也不列入成績，再加上是自己計分，不會給老師造成負擔」。

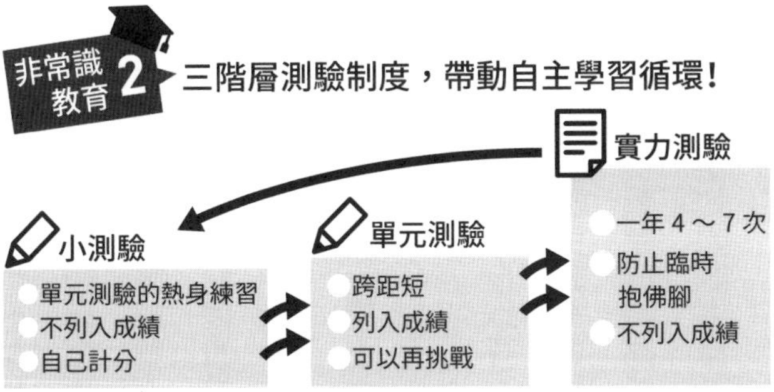

☑不與他人比較，著眼於自己的進步。
☑養成孩子自主學習循環的習慣。

以這樣的結構，提高孩子整體的成績並不困難，只要提高小測驗出題的層級就行了。雖說不列入成績，但是在小測驗如果有答不出的問題，孩子會產生危機意識：「如果這題一直陷在不懂的狀態，單元測驗就慘了。」

於是，孩子們就會自主性的開始解決難題的循環，想辦法把不懂的問題搞懂。

小測驗的結果帶動小循環。

到了單元測驗的再挑戰，帶動中規模的循環。

一再重複的經驗後，孩子們就會了解「原來念書是這麼一回事」。

而且，到了學期結束時，會出現表示「這個分數我可以接受，不想再挑戰了」的學生。換句話說，在學生自己的心裡，**考試從「被迫用功」，轉變為「屬於自己要解決的問題」，不能推到別人頭上。**

每個人學會念書的模式後，接受一年四～七次的實力測驗，即使結果不符合期待，也養成了自主學習循環的習慣。正因為有這樣的考試結構與設定，才能達成廢止作業的要求。

看到這裡，也許有人產生了疑問：為什麼實力測驗不列入成績呢？那是因為實力測驗的目的不在於此。

麴町中學考試的目的，是掌握「孩子們懂了什麼、不懂什麼」，然後採取行動把不懂的問題搞懂。找出適合自己的行動……這一連串的動作就是「學習方式」。

如果這裡將實力測驗列入成績，孩子們就必須大範圍的複習，很可能一開始就放棄，一連串的學習循環也會破壞殆盡。實力測驗的目的，終究只定位在測試個人實力。

廢除作業與三階層考試制度的架構，是在與眾老師再三討論之後思考出的結果。當時我常常說：「請大家更體系化的思考。」事實上，這個架構不只培養學生自主學習的習慣，對老師而言也十分合理，因為老師不需要再檢查作業，也不必批改小測驗卷了。

適應社會的能力、非認知能力

回過頭來，為什麼要廢除作業和段考呢？

我希望給孩子們本質的教育，而不是「表面」的教育。至於要怎麼做才能達到這個目的呢？先想想「這孩子長大之後會以什麼樣的姿態生活」，由此反推回來所思考的教育就行了。

現在，日本的教育現場中，還是使用紙本考試作為測量孩子實力的尺度。最近，大學採取推甄入學，企業不論學歷錄取的案例正在增加中，但那還只是少數。基本上，學校還是採取一味的灌輸固定的課程，以競爭知識量的「考試」來決定錄取的學校，甚至是工作地點，這樣的構圖依然持續著。

結果發生了什麼事呢？

許多父母為了「對孩子好」，所以讓孩子去適應與社會脫節的學校架構。但是，我認為孩子真正應該學的不是對學校的適應力，應該是**「出社會時穩當生活的能力」也就是對社會的適應力才對**，不是嗎？

實際上，相信很多人都深有所感，用學歷作為評量一個人的能力不太靠得住。而且環顧整個社會，很多成功的人物都與學歷沒有關係。

那麼，實際上能夠在社會上一展所長的能力是什麼呢？

它叫做「非認知能力」，是難以定量化的個人技藝（可以定量化的ＩＱ或偏差值叫做認知能力）。

具體來說，就是：

- **發現問題力與解決問題力**
- **持續嘗試的能力與挑戰企圖心**
- **後設認知力**

等無法用數字測量的能力。

其他如：

- **控制情緒的能力**
- **帶動、引導他人的能力（協助合作力）**
- **從零產生價值的能力**

・資訊運用力

也都是很重要的能力。相對於ＩＱ有ＥＱ（心理智能指數：Emotional Intelligence Quotient），相對於硬能力有軟能力。最近我在向家長們解說時，也會用「開業或轉業的能力」來表現，比較容易想像。

現在這時代，以學校的成績或學歷來評價一個人，還是許多成人們僵化的概念，畢竟沒有辦法那麼容易產生典範轉移。但是，我感覺那種時代即將結束，看看大人的社會，已有十分明顯的跡象。

如果，在學校裡學習的本質是「培育社會上成功的人才」，那麼孩子們真正應該學習的，是非認知能力。

非認知能力是「身為社會人的基礎能力」，而且它也是「生存的智慧」。與其在共同授課下被動學習，養成歸咎他人的習性，握有強大的武器，不論時代如何改變，任何場面都能活用，才是為未來準備的學習。

非常識教育3 **非認知能力是今後時代的必要技巧，舉例如下。**

- 發現問題與解決問題的能力
- 持續嘗試的能力與挑戰企圖心
- 後設認知力
- 資訊運用力
- 情緒控制力
- 帶動、引導他人的能力（協助合作力）
- 從零產生價值的能力

有關教養、教育的書籍中經常寫道「非認知能力的學習，關鍵在幼年期」，這絕非事實，**即使升上國中還是能學會**。

鍛鍊非認知能力最需要的是「環境」，然而大人們因為過去自己所受教育，因而被「既有觀念」所束縛。

學習並不是學完課程

「只能從課本上學習。」

「應該優先學習學校的課程。」

父母、老師等周遭的大人如果太過受制於既有教育的框架，不但會打擊孩子的興趣與熱情，也有可能奪走難得的學習機會，甚至減損孩子的自主性。

日本社會下成長的大人，多數都受到必須學完學校課程的固定觀念所束縛，所以，首先我們要拋開這種想法。

比方說，孩子沉迷於昆蟲，有些家長可能會很放心的想：「這與理科有關，沒關係」，但是如果孩子只看車子的書，您又會怎麼想呢？會覺得「它與學校成績無關，別讓他看了」嗎？

但是，孩子看車子的書，也許是愛上設計的世界，也許是對義大利產生了好奇，也許是對引擎的架構感到奇妙，也許他想試著製造自動駕駛系統。

以前，我參加經濟產業省的會議討論學校現況的時候，遇到一位就讀都立園藝高中的男學生。

一問之下才知，他小學的時候因為生病無法到學校去。

他非常喜愛昆蟲，在醫院裡看遍了昆蟲的書。

「我想知道更多自己愛好的東西。」

他從這種希求出發，只要一有不會念的漢字或是不懂的生字，就問周圍的大人或是自己查字典，自然而然學會語文。

現在他就讀園藝高中，沉浸在生物的研究中，但是也有許多課業，與自己想了解的領域不太有關係，這部分他覺得很痛苦，希望能更增加研究的比重。這是他對大人們的期望。

聽到他的話，我感覺他已經懂得「學習的本質」了。

也就是**自己選擇學習對自己有用的必要知識**。

學習的本質，這幾個字聽起來好像很有學問，但是它就是我們大人成為社會人時的學習方式。不論是工作上使用的知識，還是為興趣、修養所學的知識，只要自己需要的時候就自主性的學習。

而且，現在有網路，即使不用拜師求學，自己獨學也能夠學到相當高的程度。

相信許多讀者都為了應該讓孩子如何念書而煩惱不已吧。

「早期的英語教育真有必要嗎？」

「ＳＴＥＡＭ教育（跨科學習）最好從現在開始讓他讀嗎？」

與家長的諮商中經常有人問到這些問題。

我的回答始終如一，孩子如果沒有展現興趣，就沒有必要強迫他念。不論是英語還是ＳＴＥＡＭ，終究都只是方法。**強制孩子學這些只不過是方法的東西，剝奪孩子的自主性和意願**，我覺得這反而是因小失大。

但是，如果孩子有意願的話，就請建立一個徹底鼓勵他就學的環境。學校的「課程」或「科目」都只不過是方法。父母只要注意不要太拘泥於這些，而澆滅了孩子的好奇心就可以了。

讓「音樂、體育、美術」成為一生的朋友

當然，學校教授的「學科」對未來一定有幫助，而且如果要體系性的學習知識，課本的形式也非常合理。

但是現在學科主義的教育制度也有其限度，那就是學習量太多，產生很多徒勞的工夫。我把我想到的問題寫在後面。

1 共同授課效率差

以語文來說，日語的讀寫與閱讀力，即使不用課本也能學習。本來語文拿手的孩子大多是從小愛讀書的人，所以，也許語文的共同授課形式，本身就是缺乏效率。

其實，我自己有一段時間也把擅長教授共同授課——也就是所謂的「超級教師」作為個人目標。但是在教授的過程中發現，**只接受共同授課的孩子**，很

多都學會了批評別人。在共同授課中，孩子只能被動的依賴老師，所以他們會把責任歸咎於別人，或是要求別人，像是「老師的教法不好」、「老師應該教好一點」等等。

為了消除這種低效率和缺點，最適合的是個別差異化授課，以每個學生的動機為優先。然後是雙向型授課，隨時互相討論學習，一面解決問題。部分科目可以執行，但是要擴大對象，還有很大的空間。

2 與時代脫節

課程安排經常發生不符合時代的情形。

例如，語文課依然是學習古文或漢文，但是出社會後，實際使用古文或漢文的人有多少呢？我知道有人會說，它是必備的素養，但是，這些素養在讀大學以後，有需要再學就行了，特別是國中課堂上一律傳授是否適合，我認為有討論的必要。

3 垂直分割的極限

每一學科的垂直分割似乎也到了極限。本校也到了必須改善的狀態，例如，數學與物理經常有連動的關係；不了解世界史的話，學了日本史也沒什麼意義。反之，理科的課堂上，也可以讀英語的論文。

如果要灌輸孩子各種大量知識，不能只是片斷式的，必須橫跨式的教授。知識沒有止境，讓孩子充分感受有機性連繫是十分重要的。

4 連不應該評分的領域都評分

有些學科會將原本不應該評分的單元當作評分對象，像是體育、美術和音樂三個科目。

我每次都會問教師：

「為什麼讓孩子練單槓？為什麼要他們練跳箱？」

教師們面對這個問題要怎麼回答呢？

在歐洲，體育這個科目是生涯教育的一部分，目的在於為孩子建立一生享受運動的能力，不管他有沒有障礙，不論擅不擅長運動。教育孩子一個人做運動很有趣，多個人玩更有趣，是體育課最高的目標。

經過反覆的練習，的確可以做到倒吊單槓，或是跳過八段跳箱，也許有它的價值，但是，**過度強制「一定要做到」，孩子如果因此討厭運動，那就本末倒置了**。音樂和藝術也是一樣。與別人比較、評分有意義嗎？我認為現在正是大家應該來討論這些藝能教育現況的時候。

本校自二〇一九年度起改變了體育、美術、音樂的評估方法，提高了孩子興趣與積極度的比重。技巧其次，能夠積極享受學習的學生，我希望他們即使做錯，也不會只得一分或兩分。

父母的兩難 未來雖然重要，但是無法忽略眼前的考試

看到這裡，讀者當中也許有人這麼想：

「也許非認知能力在不久的未來，確實會成為社會人的評量標準，但是，現實是，孩子眼前還有考試要考，如果不能過關，根本連下一階段都到不了呀。」

未來的能力很重要，但「眼前的考試」怎麼辦？身為家長，也許很多人都陷入這不知孰輕孰重的兩難困境中。

「不想剝奪孩子熱中的喜好，但是，我希望他能上高中，所以忍不住還是會叫他多用心準備考試。我也不知道這麼做到底對不對。」

「我希望他上好的大學，但是也希望他除了念書之外，還有別的重心。但我不曉得該怎麼做。」

也許也有上述這樣的家長。

國中畢業後，雖然也有直接進入社會、到國外深造，讀函授高中等選項，但是，絕大多數的孩子還是選擇考高中。本校當然也必須迎合這樣的需求。

麴町中學的目標是讓學生學會按自己的意思計畫、有效率學習的能力，作為這種需求的解決方法。以這種能力打好基礎，有效的利用有限的時間，精神上就能產生餘裕，鍛鍊未來的能力，也可以探索自己的故事。

重點有以下兩項：

1 掌握適合自己的學習方法。

2 掌握自己有哪些「不懂」。

我在麴町中學進行改革已經六年，所幸成果已漸漸顯現，我們先就如何掌握適合自己的學習方法來談談吧。

我覺得，強制孩子們採取劃一的學習方式，這種模式的問題比較多。例如，我們經常會聽到這種討論：

「可以讓孩子使用電子辭典嗎？還是應該讓他們用紙本辭典？」

關於辭典方面，麴町中學完全授權給孩子決定。在說明過優點、缺點之後，告訴孩子「選擇適合自己的方法就行了」。

有些學校或老師固執的堅持用「紙本辭典」，其中有的老師還傳授獨門的查字典法。

當然，我承認那些方法有它的效果。

例如，在許多國小實踐的「翻辭典學習」的方法，查找過的詞寫在便利貼，然後貼在辭典上。但是我一看小朋友們的辭典，不禁大吃一驚，因為它貼上了成千、上萬條便利貼，完全變形成厚度很大的辭典，心裡想：「用這種方法學習的孩子，以後一定很會讀書吧。」

但是，它畢竟只是選項之一，一定有某些孩子並不適合這種方法。大人只要有一種成功體驗後，經常會不自覺的把方法當成目的。本來達成最高目的的方法有好幾種，但是方法一旦變成目的，就失去了彈性，也會出現無法適應的孩子。

念書的勝負關鍵在抓住要領

我否定劃一式學習方法，是因為小時候對學習方法感到苦惱的經驗。

原本我對讀寫就很沒有興趣，也不擅長寫筆記。小學老師見我笨拙，便說了一句話，直到現在還刻在我的心中。

他說：「別人的話，用眼睛聽。」

從此之後，我建立「不用寫的學習模式」的基礎，上課時挺直背脊，姿勢端正，眼光如同針一般盯著老師。不過，這只限於我喜歡的學科。除了我最愛的算術和理科之外，有些學科我連上課的印象都沒有。

但是，上了國中以後，不能只專注於喜歡的學科了。雖然我在數學和理科方面拿手，但其他的學科，根本談不上興趣。

一年級最後一堂課發生了一件事。

「我們班上有三個人英文不及格，○○、○○……和工藤。」

英語老師點名，指出我的分數太差，要我在全班面前罰站。考試的分數大約三十分上下，但我對這個分數毫無危機感。

渾渾噩噩中升上國二，我遇到了一個人，幫助我打開了後來的道路。那位當地的大學生給了我這樣的建議。

「用功的方法很簡單啊。不論什麼科目，只要重複的讀，一定能記住。光是讀就能記住，畫線的話記得更牢。慢慢的你就會知道讀幾次自己能記住了。」

我照著他的話做，他說的果然沒錯。

在課本上畫線念誦，就算沒有興趣的科目也能記住。用色筆多畫幾條線，課本髒得誰都看不懂，但是我已經把內容記在腦子裡了。

後來，讀書突然變得有趣起來，成績也有了飛躍的進步。二年級期末時，我的成績上升到四百人中的第七名，被罰站的學生竟然進入前十名。不管是父母、老師和我自己，都對這一年的進步大吃一驚。英文老師「怎麼可能……」的表情，直到現在我都還記得。

現在回首過去，我國二的時候，也是人生中為了成績最專心認真念書的時候。

所以，如果我按照這個步調發憤用功的話，也許人生也會改變。不過，體會到「只要努力就能做到」而增加了自信心之後，上了國三我的學習熱情又冷卻（本來就沒有追求第一名的企圖心），所以變得只是應付成績的心態。

不過，如果沒有這種體驗的話，我現在也不會成為學校老師吧。從一連串體驗學到的最大心得是：不論哪一個領域，**「勝負關鍵在於抓住要領」**，只要學會掌握要領，就不會感到困難。於是，即使有新問題出現，就能抱著「嗯，這問題該如何處理呢」的心態，將它矮小化加以掌控。

如果能抓住要領的話，紙上考試就能有飛躍性的進步，並且有效率的讀書。一般人對學校讀書的認知，是「為了提高考試分數」，這並不正確。最優先的目的，應該是「找到適合自己的學習方法」。

如果將提高考試分數視為最優先的話，只要專心一志長時間用功就能夠達成目的。但是，那只不過是因時制宜罷了。只要能奠定適合自己的學習方式，就能有效率的提高考試分數。而且，由此學會的學習方式，以後出社會，甚至一生都能用得上。

但是，要領的掌握方法因人而異，正因為如此，本校會就學習方式給學生許多提示，不設置任何限制。

改變日誌的使用方法，培養用功的模式

我們大人希望工作有效率時，會利用到日誌這項工具。

如果只需要管理約會，手機就十分夠用了。但是，如果要管理細瑣的任務、塗寫點子、決定每週目標時，還是不能缺少紙本的日誌。我是從四十歲以後才開始使用日誌。加入教育委員會，需要完成多元任務時，資訊處理經常跟不上腳步，因此才徹底研究起日誌的使用方法。

在麴町中學，學生入學時會發一本日誌代替學生手冊，目的是讓學生用於**日程管理和資訊處理的框架**（**framework**）。現在我們使用的是與廠商Find! Active Learner共同製作的客製化日誌，對許多孩子來說，使用日誌是全新的經驗。所以一入學，我們馬上會請廠商教大家記錄的方法。

但是，想怎麼記錄，還是由每個學生自己決定。

如果覺得手機比日誌方便，把日誌當成塗鴉簿也沒問題。畢竟我們的目的是讓學生找到適合自己的學習模式，我們只教工具的選項，不強制。

舉例來說，我的日誌是這麼用的：未確定的計畫先用鉛筆寫，貼上便利貼，確定之後用原子筆重新寫過，抽掉便利貼，大致依據這個規則記錄。但是，這是我一個社會人累積多年經驗而決定的模式，我不會強迫下屬也這麼做。而且話說回來，有些職種的人並不那麼需要時間管理。日誌教學課終究只是製造一個機會，成為學生發揮創意的出發點。

不論是讀書、運動或是嗜好，我們都希望孩子**透過奠定個人做法的行為，鍛鍊後設認知**（譯注：指個人對自己的認知歷程能夠掌握、控制、支配、監督與評鑑的一種知識，也譯為「統合認知」、「超越認知」、「形上認知」或「認知的認知」等）**的能力**。把自我行為模式、思考模式等自我理解作為起點而想到的策略、創意、架構，才能運用在今後人生的各種場面中。大人強制的方法即使適合孩子，卻也剝奪了其深入自我了解的機會，務必謹慎為之。

想要引導孩子的主體性，就是讓孩子用自己的頭腦去思考。為了提高後設認知能力，重要的是不要將「有能力」、「沒能力」與勇敢、有毅力綁在一起。也許孩子會失敗很多次，但是他也會因此找到屬於自己的做法。那個時候，大人的角色只不過是給予他們「也有這種選項哦」的機會。

父母對「學習計畫」可以提出的有效建議

幫孩子買記事簿隨時可得，但是要怎麼讓他運用，卻是傷透腦筋。這種時候，我的建議是建立「**學習計畫**」（當然，並不一定要寫在記事簿上，而且它也並不是正確答案，這一點請多留意）。

也許有人讀書的時候，被老師要求過寫學習計畫書，這時候不妨回想一下。在教育現場沿襲的學習計畫書，大多成了向老師「宣告」念書的目標時間，但是這麼一來，寫出來也沒有什麼意義。

因為計畫本來就是為自己寫的。

從大視角審視自己置身的狀況，如何在有限的資源中精確的達成目標——計畫就是規劃達標的戰略。

那麼，在學習上的資源是什麼呢？那就是**有限的**時間。

所以，當我教授訂立學習計畫的方法時，我會先問孩子：

「一天只有二十四小時，你們知道自己可以自由使用的時間，實際上有多少嗎？」

一天二十四小時，減掉「上課、社團活動、學才藝」、「交通」、「睡覺、洗澡、吃飯」之後的自由時間。孩子們實際上寫出來，都驚訝的發現所剩無幾。

能把握自由的時間之後，接著再具體的思考針對每一科目要如何溫習，是寫考古題？整理筆記？把課本念得滾瓜爛熟……讓孩子從什麼方式最適合自己的角度來思考。

已經知道自由的時間有多少，孩子自然會把注意力放在「在有限的時間裡如何有效率的用功」這一點很重要，例如，以書寫為主的學習形式，需要花費時間和勞力，但作業會加深理解度。另一方面，以閱讀為主的學習形式，作業理解度雖然較淺，但是不太花時間，可以反覆的閱讀。兩者各有特色。哪一種學習形式對自己來說最有效率，只有透過經驗實際體會，才能從真正的層面訂立計畫。這樣一來，孩子們的學習生產性也會飛躍性的提高。

要點有二：掌握自由時間，以及思考應該執行的具體行動。所以，不論什麼方式都可以，公式也無所謂，當然也可以全家一起思考。比方說，您的孩子正為學業與運動兼顧而煩惱，您不妨提出建立計畫的想法，對他說：「那我們一起來想想提高效率的方法吧。」

培養孩子成為某一領域的頂尖大人

除了非認知能力之外，另一項在諸位家長間大受矚目的，應該是文部省主導推動的「多樣化教育」吧。

「從劃一式教育轉換為多樣化教育。」

在這樣的口號下，政府正在重新評估教育方案，以便培育適應未來商業環境的人才。小學的電腦程式課就是其中一例。現今社會勞動人口不斷減少，全球化浪潮洶湧來襲，對日本產業界而言，培養附加價值高的人才乃是當務之急。

但是，現在日本正在推動的「多樣化教育」似乎有些偏離當初的目的，不再是「脫離劃一式的教育」，而是「增加科目，培養具有多面向能力的人才」。

「多樣化教育」已成為世界的主流，它著眼於孩子本身具備的多樣化特性，對孩子施予最適合他的教育，藉此培養多樣化的人才，因此他們重視孩子的個性與作風，**並不是把孩子養成綜合各種能力的百貨公司**。

在學校中所有學科都能拿滿分的孩子鳳毛麟角，同樣的，把學到的知識全都能運用自如的孩子也是寥寥可數。從充滿好奇心的孩子身上奪走了時間和自主性，最後所有的學習變成半吊子，孩子們也太可憐了。

例如，麴町中學自二〇一八年度起，電腦程式社請到了在微軟參與教育版Minecraft（麥塊）開發的國際程式設計師鵜飼佑擔任顧問，認真從事軟體開發。

總社位在麴町中學附近的雅虎網站也全力協助我們，提供總社的一部分作為我們活動的場所。因此，由於我們與各種企業的人士有直接合作的機會，也成為孩子們寶貴的經驗。

如今在社會上飛黃騰達的大人，各自都在某個領域中出類拔萃。只要有過一次出類拔萃的經驗，在過程中學到的成長經歷和成功經驗，在走向其他道路時也幫得上忙。我總是說「**越狹窄越廣大，越擴大越狹窄**」。出了社會的大人對此深有所感，但是卻經常強迫孩子做這做那。要成為頂尖必須挪出很多時間，為了挪出時間，就必須決定「要割捨的事」。

AI引進後，學習會有什麼改變？

建立帶動學習形式的奠定與學習意願的提升。這是本校學習方法的兩大支柱。除此之外，也不斷嘗試讓孩子念書有效率的各種方法。

這裡舉個簡單的例子來談談學習的效率化。麴町中學於二〇一八年度第二學期開始，在數學課引進使用人工智慧的平板型教材，作為經濟產業省「『未來的教室』實證事業」的一環。這種人工智慧教材「Qubena」是由教育科技企業COMPASS公司所開發，從結論來說，Qubena的引進大量的縮短了學習時間。

使用Qubena學習時，看不到一般課堂上「站在黑板前面的數學老師」。學生將每個人配置的平板電腦立起來，閱讀分解成小單元的概念說明，然後開始演算練習題。老師則用他攜帶的平板電腦逐一檢查學生的進度。教授者是Qubena，真人老師則在教室內四處走動，一方面擔任指導者，帶起孩子們的興趣，同時也充當教練負責回答個別的問題。

孩子已經理解的部分，簡單完結，而把重點放在不懂的部分，是Qubena最大的特徵，人工智慧會自動推薦最有效率的學習方式（最佳化教育）。

一般的平板教材，大多使用「答案正確率」或「解答花費的時間」等，作為判斷理解度的材料。但是Qubena的功能不止於此。利用平板筆書寫計算過程中，它能辨認文字，就算算式中小數點的概念有誤，Qubena也會辨認為「錯誤點」而用箭頭指出小數點的問題。

共同授課的話，真人老師無法做到這麼精細的指導，所以，用Qubena的學習效率當然比較高。數學課一年有一百四十小時，學得快的孩子三十小時就可以學完（反之，共同授課的模式意味著包含那麼多時間的浪費）。如果國中三年全面引進，究竟可以節省多少時間呢？樂見其成。

引進Qubena，我們注意到另一個重要的現象，孩子們平常會教學相長。

也許ＡＩ授課乍看之下，給人死板、沒有活力的印象。但是，由於Qubena的引進，為了追求理解課業，促進了同學之間彼此相互學習的行動，上課的景象大為改變。

這正是主動學習的精神所在。

站在指導立場的孩子，必須把思考過程切實轉換成語言，才能讓求教的孩子了解，所以能夠更增加他的理解力。而求教的孩子能主動與已經理解的人對話，還能順便學到對方的學習方式。不只獲得知識，還能學到獲取知識的手法。讓孩子意識到這一點，才是價值所在，Qubena只不過是一個導火線而已。全日本進行主動學習的學校不在少數，並非一定要用ＡＩ才能達成，只要多嘗試、多花心思，一般的教材也能做到。

2

質疑「心的教育」

管教的本質是什麼

「服裝不整齊代表心思雜亂」是真的嗎？

有多少父母，就有多少種教養方針，這麼說一點也不誇張。學校也一樣，有的學校仍然採取軍隊化的嚴格規則來框限孩子，但也有些學校展現自由的校風。

麴町中學幾乎沒有細密的校規，在我就任校長之後，也停止了服裝、頭髮檢查。

「為什麼要走向自由校風呢？」

「營造自由的環境，是為了給孩子自律訓練嗎？」

有人這樣問我，但是並非如此。

只是本校重視的概念當中沒有校規而已。

也就是說，對孩子而言，不需要存在「自由嗎？不自由嗎？」的討論。這一點很容易造成誤解，所以我在此先詳細說明。

舉例來說，伊斯蘭教的女性會穿戴頭巾，名為希瑪爾（Khimar）或喜賈普（Hijab），她們只是遵從戒律，所以這麼穿，對她們而言，是理所當然的行為。仔細想來，與我們「平常穿衣服」沒有什麼不同，只是穿法、種類有點差異罷了。

環視世界，這種文化上的差異到處可見，只是「不一樣」而已。關注這種「不同」有「多麼不同」，真的很重要嗎？我們不認為把服裝、髮型、外表的不同提出來鬧出風波，是教育的本質。

減少校規，會有很多家長或畢業校友感到不安，尤其是我就任之初，也領教了不少苛刻的罵聲。

只是，我們必須考慮應該教孩子什麼。

常見的狀況是大人無意義的聚焦在作為教育本質並不重要的議題上，在「製造問題」。一開始不把它提出來當作問題，根本不會萌生出「有問題」的念頭。如果因為硬要扭曲事理，提醒人注意這些問題，而無法教孩子本來要教的上位概念（譯注：意指能涵括多個「下位概念」的總括性概念，也表示是一種層次更高或範圍更廣的概念），例如人權的重要道理，或是出社會後有用的事，那就本末倒置了。

「服裝或頭髮不整齊代表心思雜亂。」

「沒有規矩，學校會無法運作。」

這是最典型的想法，但我認為這只不過是**大人擅自製造的問題**。我是基於這種想法，從結果來說，開放了服裝和頭髮的限制，並不是想要以自由開放為目標進行了改革。

拚命「要孩子守規則」的大人

來說一段我年輕時的故事吧。

當時，我對無意義約束孩子的校規抱持著疑問。因為從教育的本質來看，只是些枝微末節的事，但是教師們卻極力要求。結果，孩子寶貴的時間和勞力都被剝奪了。

曾經待過的東京都公立國中執行的「禁止把所有用具留在學校」的校規也令我大開眼界。學校規定星期六下課時，學生必須把用具帶回家，學校方面的理由是「如果不把用具帶回家，週末就不能念書，所以首先把帶書包回家訂為校規」。

原本週末就是個不想念書，就不需要念的時間呀。就算退好幾步，要求學生在家自習，也沒有必要把「所有」教材都帶回家吧？這校規實在莫名其妙。「只要帶自己需要的科目回家就好了吧。那麼多課本很重啊。」

我試著反駁其他老師，但是，年輕老師的話，當然沒有人要聽。

而且，老師們的做法很極端，星期六學生放學後，還規定導師要到教室去檢查。如果發現忘了帶走的課本，就會收在紙箱裡，星期一早上「砰！」的一聲放在學生面前，然後把「用具留在學校」的學生叫到前面，當著大家的面狠狠的罵一頓。

孩子們暫時應付的道了歉，但是心裡當然不服。

結果，發生了什麼事呢？有孩子把課本藏在學校的公共空間，這次老師們又大費周章的到處搜查……我看著那些老師熱中尋找學生藏書的模樣，真是覺得無聊得可笑。

如果所有教育人士都能看見教育的本質，即使手法各自不同，但是殊途同歸。如果誤差很大，一定是教育現場的關注點不一樣。

「兒子看起來像外星人」，母親苦惱的原因何在？

我的意思並不是說任何管教都可以廢止。只是至少在教育方針中，**將「順從」作為最高目的是不適當的**。原因是孩子們的發展有其特性。

例如，自閉症有特別容易察覺周圍大人的特性。

- **堅持度強**
- **不善溝通（目光對視）**
- **語言能力差**

這三個條件都具備的話，就會被診斷為自閉症，對這樣的孩子，很少人會認真的責罵他：「要聽大人的話！」但是，對於語言能力強，但特別固執，不聽大人說話的孩子，大人會怎麼想呢？

「他怎麼這麼任性，一定要好好管教一頓！」

也許會這麼想吧。但是，其實這個孩子有可能屬於和自閉症相同的ＡＳＤ（自閉症譜系）的亞斯柏格症候群（有語言能力，但不善溝通，特別堅持，這便是亞斯柏格症候群）。

發展上有特性的孩子，也不能任何事都縱容他，社會還是有絕對不可為的事，所以必須把底限確實的教給他。只是，只靠嚴格的態度，未必能成為「聽話、有教養的理想孩子」。

孩子如果有發展上的特性，應該有配合該特性的對待方式。然而，如果大人只用順從的尺度來評量，只從「聽大人話的孩子，不聽話的孩子」的尺度來看待孩子，最終孩子和父母都會筋疲力竭。這不能說是健全的關係。

日本教育有重視「忍耐」、「禮節」、「合作」的傾向。發展上有特色的孩子對這些特質都很不拿手。也就是說他們很難習慣日本的教育。而且，他們會破壞團體的和協，又因為太任性而容易被排斥，要請家長特別注意。

最近經常聽到的ADHD（注意力不足過動症），也是有典型的發展特性，不論念書或者吃飯，他們都無法好好的坐在椅子上，不能注意聽別人說話，因為粗心經常出錯等，都是這種症狀的特徵。一般認為ADHD的人「缺乏注意力」，不如說他們是注意力過度才會在意各種狀況。

照統計上來看，ASD和ADHD以男性較多，話說回來，男孩子本來就比較難安靜不動。相信各位也有這樣的經驗，把嬰兒抱在懷裡時，女寶寶很安穩，但男寶寶就會手腳亂動。另一方面，男孩子喜愛活動身體，擅長用非語言形式與人溝通。男女的不同只要看看小學一年級的教室，就能一目瞭然。沒有坐在桌前的大半是男生，女生都是默默的坐著。因為大多數女孩子從小語言能力強，比較安靜，玩扮家家酒就是一大象徵（也因此，女生若有ADHD很難被發現）。

在學校現場，注意力過度的男生比較多，我也是其中一人，讀書的時候，完全聽不到太太的叫喚是家常便飯。有時候洗澡時想事情，也會想不起自己到底洗頭了沒。

由此可知，男孩母親常常會為孩子的好動煩惱，與自己小時候相比，完全無法理解兒子的行為舉動，兒子簡直像是外星人。

「浮躁，動不動就發脾氣，孩子怎麼這麼難帶。」

如果不能敞開心胸接受「男孩子就是這個樣子」，母親心中的「管教」壓力則會不斷膨脹。要是再加上親戚、鄰居、學校老師不經意的一句「請好好管教兒子」，母親很可能壓力潰堤。

本來就沒有必要過度堅持管教。

第一，不要用「順從」、「兒子理想形象」的單一尺度來估量孩子，不如用「哎呀，我們家的孩子就是靜不下來啊，哈哈哈！」的態度一笑置之。只要能這麼做，父母和孩子就不需受到無謂的折磨。

嚴厲斥罵的限度在哪裡？

如果「順從」不適合作為管教的最高目的的話，那麼什麼才是最高目的呢？

我認為是「傳達重要的訊息」。

譬如，我還是年輕教師的時候，任教的國中有個對學生十分嚴厲的老師，那位老師有一天帶著挖苦的口氣對我說：

「工藤老師見到學生『踩鞋跟』，為什麼不糾正？」

踩鞋跟，就是穿室內鞋的時候把腳後跟踩扁，這的確不能算是雅觀的行為。但是，我認為踩鞋跟只是小事，不值得用來責罵學生，我也不懂為什麼要把這一條記入校規裡。而且，話說回來，我每次與學生接觸，總是注視他們的眼睛或表情，所以從來沒有看到他們的腳後跟（於是我只好用一句「抱歉」敷衍過去）。

那麼，我們在斥責孩子的時候總是注意到什麼？

那就是「**優先順序**」。

各位的住家附近，有沒有一整天都聽得到媽媽在罵人的家庭呢？以前我住的地方，即使門窗都關起來，還是一連好幾天都聽得到鄰居媽媽大吼：「我不是告訴你了嗎！」「為什麼不聽話！」「動作快一點！」可能她認為罵小孩是做母親的天職吧，學校裡也有很多這樣的老師。

但是，如果老師連續幾天都為了瑣碎的小事，罵同樣的話，老實說孩子就無法分辨哪些事重要。「作業忘了寫」、「考試分數太低」、「說謊騙人」、「說別人壞話」、「頭髮染成金色」……孩子如果只是無法分辨倒還好，但一味的責罵，孩子心中不是湧出對老師的反抗心理，就是極端在意大人的眼光，這兩者都不是好現象。

因此，**如果能決定責罵標準和管教順序，責備的頻率就會減少，大人和孩**

子都不用抱著不需要的壓力。與孩子的相處模式也會改變。進而，由於**清楚告訴孩子哪些事「真的不能做」，育兒本身應該也會輕鬆很多**。

那麼，什麼樣的訊息才叫做重要，必須確實傳達給孩子呢？要如何訂定優先順序才對呢？

這是個很難回答的問題。也許很多家庭夫妻之間對於管教孩子的意見並不一致，但是，如果兩人都能把孩子視為最優先考量，就有必要深度思考，互相商量。如果只是一時權宜的指導方針，孩子也會感到茫然。

至少，我可以說，不要聽信外在的尺度，如「因為書上這樣寫」、「自己也是這樣被罵大的」、「附近的鄰居家也是這麼做」，把它當作絕對的信條。這些尺度可供參考，但是所謂的標準，畢竟還是要觀察孩子的特性和反應，再慢慢決定才行。

「目的是什麼？」也是我經常思考，另一個重要的觀點。

對於許多大人無意識脫口而出的價值觀，我覺得十分重要的一點是，應該在責罵之前，冷靜的想想：「**我到底為了什麼目的責備孩子呢？**」

例如，我們來想想，關於「不可以說謊」的教養。

孩子一旦說謊，大人總是忍不住說：「不是告訴你不可以說謊嗎！」但是，有些謊言實際上是為了不傷害別人才說的。說得太直白，有時對方會受傷，也就是說，如果教孩子「不說謊（說實話）」，反而有可能傷害到別人。各位覺得「不說謊（說實話）」與「不傷害他人」，哪一個比較適合作為上位概念呢？

那麼，假設孩子為了保護自己而說謊好了。如何？一定很想把他罵一頓吧？但是，這種時候，大人應該傳達給孩子的重要訊息，不是「不准說謊」，而是「一時蒙混過去，一旦養成了習慣，以後不會進步哦」。因為如果孩子確

非常識教育4 思考一下管教的最高目標！

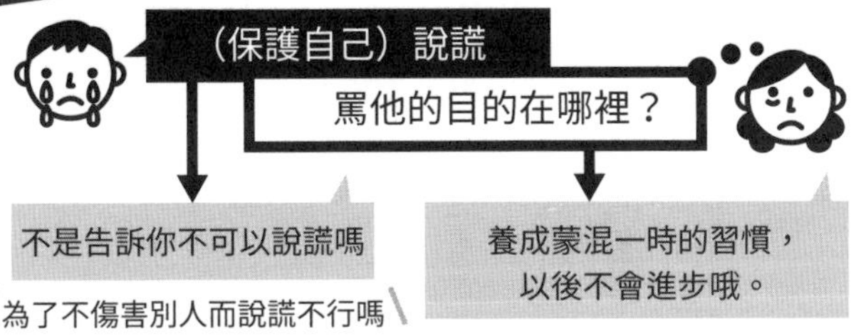
（保護自己）說謊
罵他的目的在哪裡？
不是告訴你不可以說謊嗎
為了不傷害別人而說謊不行嗎
養成蒙混一時的習慣，以後不會進步哦。

☑ 想好責罵的目的，釐清上位概念。

實接收到訊息，最後他應該就不會為了保護自己而說謊了吧。

「不可說謊」的任一種價值觀，乍看起來都帶有絕對正義的味道，但是我們知道，它並不適當作為最上位概念（換言之，其他還有很多更重大的訊息應該傳遞）。

大人（尤其是父母）說的隻字片語，孩子會有原封不動的接收，並且在腦內增殖的傾向。這是管教上我們應該注意的事。因為，大人會在無意之間形成孩子的價值觀，**不需要說的話，盡量小心不要說出口**也許更重要。

不要說「別跟那個孩子走得太近」

麴町中學雖然校風自由，採行重視孩子自主性的教育，但是其中有兩點「絕對不可做的事」，我們也會對孩子做重點式的指導。

1 不做攸關性命的危險事情。

2 不做違反人權的事（犯罪、歧視、騷擾、忽視）

1「不做攸關性命的危險事情」不言自明。

例如，麴町中學教室外的陽台作為避難道路使用。平常，如果學生在走廊跑步，老師並不會斥責，但是，如果發現學生跨過四樓陽台的欄杆，就會大發雷霆。有了這種張弛差別，孩子就能理解規矩的意義。

「一味尊重孩子的主體性和意見，會不會把孩子養成任性、麻煩別人的個性呢？」

偶爾家長會有這一層擔心，雖然大多是遭到誤解，不過麻煩別人的行為本身並不是壞事。在發育上有特性的孩子，生活上需要接受周圍的協助。「不要麻煩別人」等於是否定他們，有可能在不經意間，變成「排斥的一句話」。

有一所大空小學，是在「保障所有孩子的學習權」理念下，推行融合教育的學校。

第一任校長大村泰子女士說過：

如果老師撞見孩子在上課時衝出教室，就大喊：「你在幹什麼，快點回教室！」的話，周圍的孩子便會留下「那孩子是個惹麻煩的傢伙」的印象。但是在大空小學不這麼做，而是叫大家一起思考「那個孩子為什麼會跑出去」。於是有的孩子會說：「那個學生，腦袋糊塗了吧。」由此深切感受到指導孩子思考，而不是用一句「不要惹麻煩」來下定論的重要性。

事實上，最有可能養出任性小孩的是「不進行社會性教育的放任主義」。如果想尊重孩子的自由，就應該從小不厭其煩的告訴他「世界不是屬於你一個人的，所有的人一同共存在這地球上，如果自己想做的事，無法尊重別人的自由，它就失去了價值」。

這一點也連結到2的「不做違反人權的事」。不只是明顯反社會的行為，還有排斥他人的行為、「犯罪、歧視、騷擾、忽視」。

曾經看過一個藝人得意的說：「以前我相當荒唐過。」世人卻讚美他「好酷！」。我聽起來總覺得不太對勁。在公共場合露面的人，應該要堅定的說：「對自己的過去很後悔，希望能向造成困擾的人道歉」才對。更何況老大不小的人，絕不能說「當時的經驗對我現在很有幫助」。切實教導孩子不可為了加深自己的經驗，而侵犯別人的自由，難道不是大人應負的責任嗎？

當然，只要是人總有走錯路的時候，不過如果真心想要悔改，只有深切體會罪孽之深、好好反省。儘管如此，周圍的人卻經常想出一堆藉口：「和父母處不來才會這樣，這也沒辦法。」「剛好交到壞朋友。」這些想法的共通點，都是把**反社會行為「歸咎於別人、環境」**。

家有進入青春期兒女的父母，一定很擔心孩子的交友關係吧。我也聽說過，因為孩子的好友加入不良集團，父母擔心自己的孩子會不會受到影響。即使這種時候，也盡量不要對孩子說「別和○○走得太近」，只要寬容的支持他。

孩子不排斥朋友，是非常重要的態度。另一方面，朋友做了壞事的時候，父母的任務就是冷靜的讓孩子選擇，維持朋友關係比較重要，還是不袒護做壞事比較重要。當然這不是件簡單的事，但非常重要。

「心的教育」建立了不讓座的社會？

我在電車上遇到老人或是身體殘障者，會立刻站起來讓座。不過，我沒有什麼把握敢說，自己是因為善良體貼才這麼做。

因為我可能只是為了明哲保身：「身為教育者在這種狀態下不讓座，無顏面對社會。」

其實，在我還小的時候，電車、公車上讓座給高齡者，是稀鬆平常的景象，遺憾的是，現在已經不太看得到了。「專心看手機，沒空注意周圍」恐怕不能成為理由。

各位認為不讓座的人增加的原因是什麼？

是因為教育現場引進了「心的教育」。以前的教育或管教都把重點放在「好行為（行動的教育）」上。所以，很多人條件反射式的表現出好行為。但是諷刺的是，越來越多人堅持要有「好心腸」，表現「好行為」的人反而減少了。

「為什麼會這樣呢？」也許有人會這麼想。

我簡單的說明原因。

堅持「好心腸」，就是追求「知行合一的狀態」，**如果表現了「好行為」，但卻沒有「好心腸」的話，那就變成了「偽善」**。在電車上發現了老人，但不想讓座的人當中，有些是害怕周圍給他貼上「偽善者」標籤，所以不敢讓座。

但是，如孔子所說，「知行合一」本來就是高水準的狀態，幾乎沒有人心靈清澈，純潔無瑕。然而我們卻濫用這種無法企及的行為，把它當成典範。

「以行動表達善意」是全世界的共識，例如，在美國，高地位人士不做義工或捐款的話會招到批評。但是在日本卻相反，企業家若想捐出大筆善款時，經常會聽到社會上批評他「偽善者！」「沽名釣譽！」「為了節稅吧？」的聲浪。

在中學，看到參加志願工作的孩子，有些孩子會私下說他壞話：「還不是為了升學甄選報告。」也就是說，大家只在意心意好壞，而忽略良好行為的事實。

近年來，外國籍的學生不斷增加，所以在學校裡也經常教孩子「不可以歧視」，作為人權教育的一環。但是從小接受「一定要保持知行合一」教育的孩子們，觀念上就糊塗了。即使知道不可以歧視，但是心裡還是有著差別的想法，該怎麼辦才好呢？

這種時候，我會清楚的告訴孩子什麼是現實。

「人的心反正都還不成熟，也許無法消除對別人的歧視心。」

然後，接下來的觀念也必須告訴孩子。

「我希望大家只要明白什麼樣的行為或言論有歧視意識，就能做到不對人說歧視性的語言，表現歧視性的態度，對吧？」

不歧視的重點不在心態如何，而是知識與技術。首先了解什麼是歧視，任何人都能做得到不歧視。

就算是老師也不成熟

近年來有什麼改變我不確定，不過至少在從前，大家對於「校長是人品高潔之士」有著根深柢固的觀念。事實上，許多校長都是行為端正，努力展現出高潔的人品。不過，若是質問他們心裡是不是人品高潔，那就期待過高了。畢竟校長也是人。

有件丟臉的事，本來我羞於啟齒。前幾天在車站的電扶梯前，發生了這樣的事。我靠著電扶梯的右側站立時，感覺到後方有人靠近，所以立刻移到左邊，讓出道路並且道歉。但是後方的年輕人擦身而過時，丟下了一句：「擋路。」

我本來就是急躁的性格，一剎那間勃然大怒。

當然，我什麼動作也沒做，只是告訴自己「馬上收回憤怒的情緒，冷靜。為這些小伙子生氣沒有必要」，試圖讓自己冷靜下來。

只是每當遇到這種場面，我就會想起論語中「吾十有五而志於學」開始的一節。

孔子曰：七十而從心所欲，不踰矩。也就是說七十歲以後，人才會隨心所想的行動，而不脫離人間常理。再過十年我就能達到這個境界嗎？我完全沒信心。人的心終究是不成熟的，因為不成熟，才會容易偏離正道，所以孔子才教弟子們要有意識的從事善行。

孩子們的紀律和道德教育也是一樣，我總是告訴自己，我們應該改變的是孩子的行為，想要改變心智，卻沒有那麼簡單。

「成為乖巧的好孩子」——加在四歲孩子上的壓力

其實，我兒子四歲的時候，我們家也發生過類似的情形。

內人與我結婚之前，在一家公司參與設計工作，在我眼中，內人是位非常溫婉的人，搬到山形成為主婦之後，她也經常向鄰近的居民請教：「我什麼都不會，能不能教我。」不是我老王賣瓜，兒子是內人教養出來的，所以孩子們也都成為溫和、體貼的小孩。

有一天，當時四歲的小兒子突然說，他不想去幼稚園了。我直覺的想：「他一定是討厭某個孩子，受不了他吧。」

因為內人和幼稚園老師總是諄諄教誨「要當個乖巧體貼的人」，而且小兒子身形魁梧，力氣又大，所以我總是告訴他：「你只要一動手，很容易傷到周圍的孩子，所以動作要輕柔一點。」這些話日積月累，無形中成了「心的教育」。

因此，我把孩子找過來，拿出道德課的教材——五味太郎的《強壯的頭腦和聰明的身體》說給他聽。

「這本繪本有一點難，你也許會不太懂，我們可以一起看。」

然後我就開始解釋書裡的故事。

「書裡面畫的這個小朋友，和別的小朋友很難成為好朋友。其實，爸爸也必須告訴你一件事。爸爸也有討厭的人哦。」

我的預感猜中了。「咦？爸爸也有討厭的人嗎？」兒子驚訝的問。

「有啊。媽媽也有討厭的人呀。」

「啊？什麼？媽媽也有？」

兒子越來越吃驚，我便繼續往下說。

「不過呢，爸爸媽媽雖然都有討厭的人，但是我們不會欺負他哦。還是會有禮貌的打招呼，正常的一起工作。所以，你有討厭的人也沒關係，只要不要對那孩子做討厭的事就行了。不用勉強自己對他好。」

兒子露出放心的表情，開始繼續去幼稚園了。

剛才的故事，我也經常對我的學生說，也曾經在全校集會時演講。心裡的想法不會改變，所以即使像我歲數不小，還是有討厭的人。不過，我既不會想去捉弄討厭的人，甚至如果捉弄他還會覺得可恥。大多數的孩子反應，大致和我兒子一樣，露出「哦，真的嗎？」的表情。

當然，說了這些話，孩子可能會對我們投以懷疑的目光想：「那麼老師跟我們說話的時候，都戴著面具嗎？」但是如果因為這樣，**只對孩子宣揚「大家要和睦相處」的理想論，那不是在欺騙孩子嗎**（關於這一點，第三章會再提到）？

不要盲目相信「忍耐」

在日本的教育現場，說到根深柢固的心靈教育，就是「忍耐」。對我們來說，忍耐是很熟悉的美德之一，但在本校，學校的中心目標完全沒有這兩個字。

我自己是接受舊式教育的人，不只是在學校，從小到大遇到的很多場合，大人都會教誨我們「忍耐很重要」。它已經深深刻印在心中，我對兒子們的教導，若要說從來沒有教他們「不可以動不動就洩氣」，那是騙人的。

但是如果問我，是不是所有孩子都應該培養忍耐力呢？我的答案是否定的。如果強制把不講理的事加諸給孩子，要他們一味忍耐，與經過自己考量，自己負起責任，兩者放在天秤上的話，我認為後者更重要。

回顧自己的過去，國中一年級時加入了棒球隊，但是幾個星期就退出了。高年級不合理的嚴格訓練當然是原因之一，但我最不能理解的是，隊裡不讓我練習，我只能一味的撿球，與無意義的喊叫。我找不到合理的理由忍耐著這些無意義的事，只為了待在棒球社。而且我天生就討厭被強制做任何事。

待不下去恐怕只是懶散吧？

這層心結也不是沒有，所以，我告訴社團想退出，被三年級的學長揍了一拳的時候，心中如釋重負。因為這樣我就能名正言順的退出了。

退出之後，也會覺得自己很丟臉。去學校時看得到棒球社在練球的景象，也會不置可否的看著同學放學後跑向操場的身影。而且，經過一年嚴苛的訓練後，同學們漸漸有了進步，最後在縣內比賽拿到了前三名。

即使如此，我完全沒有羨慕或後悔的情緒。

因為比起忍耐，自己思考、行動的自律方式，對我來說更加重要。後來，我以教師的立場，當上棒球社的顧問時，我很認真的想過如何能讓所有隊員都享受打棒球的樂趣。

父母的兩難 管教太鬆，以後會不會變成沒有抗壓性的大人？

很多家長擔心的說：

「就算是校長你這麼說，但是如果不在小時候鍛鍊孩子的忍耐力，長大以後會不會一遇到困難就想逃走，或是受不了壓力呢？出了社會之後，還是需要忍耐吧。」

我年輕的時候也是這麼想。我們必須成為懂得忍耐的人，才能戰勝壓力。但是，出了社會，與孩子們接觸的過程中，我開始懷疑：「壓力承受度真的可以與忍耐力劃上等號嗎？」我認為，自己想辦法減少壓力的能力，會不會比被動的想像忍受壓力的狀況更重要呢？

十年前，我讀到一本將這個想法寫成文字的書，書名是《勝任力面談手冊》，介紹工作面試或與部屬面談時，如何藉由提問判別對方的勝任能力（導致高效能的行為特質）。其中特別說明了辨識對方「壓力承受力」的方法。

根據這本書的說法，人置身於壓力之下時，可以分成積極因應型與消極因應型兩種。

消極因應型的人背負壓力的時候，會以別的方法抒發壓力。比方說，在酒館裡說主管的壞話，去看電影轉換心情，忘記現實的行為就屬於這種。消極因應型的共通點，就是**不碰觸造成壓力因素的問題，置之不理**。

相反的，積極因應型會採取主動解決問題的姿態，比方說，我如果給壓力狀態下的孩子一些建議的話……

首先釐清自己煩惱的事是什麼，接著再區分為自己可以解決，與不能解決的部分。能解決的部分排好順序，將問題解決。自己解決不了的部分，想辦法交給別人去做。這時，商量的過程也有方法。因為並不是只要商量，任何人都能完成，必須與能解決問題的人商量。也就是說，如何分辨對方有沒有能力，至關重要。而且，如果對方是不認識的人，也要請熟人介紹，想辦法接近對方。

平時越會採取積極因應的人，承受壓力的能力越強；一味消極因應的人，對壓力越是難以負荷。我參考了這本書辨別出部下屬於哪一類型，並且對完全

非常識教育5 積極因應型與消極因應型

因應種類	行動特性	對心理壓力反應的影響
積極因應	積極解決問題 與別人商量	因為這種具體的行動， 心理壓力反應比較輕
消極因應	放著問題不管 忍耐	因為這種具體行動， 心理壓力反應比較重

消極因應的部分，一步步的教他解決問題的技巧。

在體育系社團活動中，耐得住操練的人，因為具有忍耐力，即使採取消極性因應，也比一般人承受得住壓力。現在有些大企業優先聘用參加體育性社團的成員，但那也表示該企業的職場壓力特別大吧。

但是，不論再怎麼鍛鍊忍耐力，只要是人，都還是有極限。真正麻煩的是壓力超出限度的時候，人的精神狀態很容易垮掉。

正因為前途混沌不明的時代，父母才會期待孩子能堅強的成長。不過這時，希望家長關注的是積極因應，即自主性解決問題的能力，而不是偏重「忍耐力」、「毅力」等精神論（心靈教育）為宜。

父母的兩難　對兄弟的罵法可以不一樣嗎？

罵孩子有竅門，若是罵得太過火，孩子因而失去自我肯定感，那就得不償失了。責罵方法有輕有重。接下來介紹一下我在擔任班導師時費心設計的責罵方式。

有時候，罵的主題雖然一樣，但是我罵A同學，不罵B同學。

如果依同樣的標準，A同學和B同學都責罵的話，乍看之下也許像是「一視同仁」，但是，這麼做的話，平常就經常被罵的孩子與我，一整天都處在「罵人者與被罵者」的關係。這樣一來，孩子心中容易衍生自我否定與對大人的不信任感，並非好事。所以我**故意改變對每個學生的責罵「標準」**。

孩子對大人的觀察入微，我一做這種「調整」，被罵的A同學便向我抗議。

「老師太過分了！你偏袒B同學！」

這種時候，我就把剛才的話原原本本的告訴孩子。

「沒有哦，我對你和B同學都同樣看重，但是，如果用罵你的標準罵B同學的話，一整天都必須不斷的罵B同學。你希望B同學一天到晚被罵嗎？正因為我對你們同樣重視，所以才改變責備的方式。你若要說我偏袒，我也沒意見，不過你真的認為我偏袒他嗎？」

如此一來，再也沒有人說我偏袒了。

各位家長們的家裡經常有這樣的案例，舉例來說，如果您家裡有兩個孩子，應該不會對兩人都用完全相同的責罵方法，所以其中一人可能會產生不信任，覺得：「為什麼對弟弟比較好？」

這種時候，做父母的首先要確實告訴兩人，「**兄弟兩個我們都同樣疼愛**」，這一點很重要。日本雖然有「心照不宣的文化」，可是人是一種用語言來思考事物的生物，所以，如果不化為語言傳達給對方，就無法抹去不信任感的陰影。

話雖如此，如果配合孩子的狀況改變責罵方式還算好，長年在教育現場看到的狀況中，我覺得最大的問題是所謂的「熱血型」老師被「絕不可以歧視」、「絕不可以偏袒」等話語牽著鼻子走，不敢「因材施教」。

差別待遇的確不好，但是，差別待遇與區分是兩回事。「不當的區分」叫做差別待遇，上述的老師大概一整天都在罵人，搞到最後還對其他老師同事說：「你們為什麼都不罵學生，就因為大家標準不一，問題學生才有增無減！」他自己也許是「為了孩子好」，但遺憾的是，我不得不說他太小看自己對孩子造成的負面衝擊。

如何提醒沉迷打電動的孩子

「孩子們滿腦子都是電玩或是YouTube，就算了解它與學習有關，但是放任他玩下去，做父母的還是會擔心，會不會有不良的影響。」

家長們經常來諮詢這個問題。雖然尊重孩子的個性、興趣和喜好，但是家裡若是沒有規矩，也許會出現無法收拾的場面。

依我的想法，基本上上了國中之後，只要教孩子管理時間的概念與做法，他就能夠自己多方測試，決定規則，只是，孩子未必都有自制力，而且小學以下的孩子在某種程度上，還是需要父母導回正軌。

不過即使這種狀況下，最好也避免父母單方面決定規矩，強制孩子執行。我一再提到，要求孩子對父母言聽計從，會漸漸剝奪孩子養成自律性和自主性的機會，也會產生反抗父母的風險。

最好的解決方法，是設置一個親子對話的時機。然後，父母可以提出幾個條件，採取讓孩子選擇的形式。這才是重點。

設置對話時機，父母一方面表現出傾聽孩子希求的姿態，同時即使該規則最終還是反映父母的意思，但卻是由孩子自己決定。「父母命令這麼做」與「自己決定這麼做」，孩子的接受度完全不同。

對不論如何都無法遵守約定的孩子，要改變策略

雖然盡可能不要發生對立之下訂了規矩，但是有時孩子還是無法遵從。因此父母便失去耐心，破口大罵。結果若是孩子因為驚慌而惱羞成怒的話，父母就該暫時拋開破口大罵的對待方式。

這在教育圈裡稱為「**焦點解決模式**」或是「**短期諮商**」。這個指導方法是指，想到可用的對應方式，就測試看看，仔細觀察孩子的反應，如果反應不佳，就盡快採用其他模式。如果發現有好的變化就持續進行。乍看之下好像是權宜之計，沒有效率，但是意外的有效。

父母或老師經常陷入的窠臼是，有問題的孩子來到眼前時，常常會想：「自己沒發現的原因究竟在哪裡？」這種挖出原因，將問題解決的「原因追究型模式」十分普遍。

可是根據研究，用這種方式解決問題，事態大多不會轉好。

因為，即使找到了其中一個原因，但孩子的精神狀態複雜的糾結著各種因素，想要找出、解決所有的問題，恐怕一時間很難做到，而且，探尋的過程中，孩子的狀態就無人理會。

既然如此，先暫時把因果關係或前因後果放在一邊，嘗試對孩子採取焦點解決（像是態度或口氣等）。

例如，一大早去叫醒孩子時，他卻怒吼說：「吵死了！」媽媽火冒三丈，心想：「怎麼對媽媽說『吵死了』。」

這種衝突每天周而復始的發生，可是事態也沒有改善。這種狀況不只發生在育兒，事態越來越嚴重時，往往陷入了惡性循環，這時候重點是把框架破壞掉。比如說，試試以下這種方法。

孩子一如往常的罵道：「開什麼玩笑！」於是，媽媽按著胸口，皺起臉說：「哦！好痛苦！我受不了了！」

然後走出房間。孩子一定會對這意外的反應大吃一驚。多嘗試幾種方法，經常問題就迎刃而解了。這叫做**重新框架**（reframing）。

總之，家長生氣大吼，孩子也不會改變的話，最好放棄這種做法，做了也沒效果的事就別做，維持做了會有變化的事。這就是短期諮商的基本原則。

給家有拒絕上學兒的父母一句建議

這種焦點解決模式或重新框架的方法，又以孩子拒絕上學時最具功效。因為孩子拒絕上學的狀態，是因為各種因素恰巧組合在一起，引起惡性循環，父母和孩子都陷進某種框架中的緣故。

學生出現拒絕上學的狀態，第一步我會先和父母深談一次。只要不是單親家庭，我一定與父親、母親輪流談話。框架的中心是家庭間的關係，所以若不與父母都談過，就沒有太大意義。

話說回來，孩子拒絕上學的原因千奇百怪，然而，父母總會自以為問題出在自己身上，採取反省的態度。即使沒有直接說「對不起，是我們不好」，這種內疚感還是會傳達給孩子。於是，孩子便認定「果然是爸媽的錯」。這個時間點，框架便大致完成了。

之後，即使父母態度改變，小心翼翼的軟語溫聲的說話，孩子也都會一眼看穿。若是他聽到父母因為自己而吵架，或是察覺關係變得僵硬，那框架就越來越堅固。孩子感知的靈敏度遠遠超出父母的想像。

那麼，究竟該怎麼辦好？

我通常會在一開始，便斬釘截鐵的對家長說：「**不是你們兩個人的錯。**」

「我知道你們一定很苦惱，不過孩子拒絕上學，通常是各種環境因素複雜糾結才剛好引發的，追究孩子拒絕上學的原因時，我們就拿最常會想到的父母養育方式、或是責罵太過火（或是寵過頭）來思考好了。比如說，爸爸天天罵、媽媽天天罵，或者兩人天天罵，有人以為罵太多就是原因。但是這種家庭普天之下到處都是，很多天天罵的家庭，還是順利的把孩子養大。不要再把自己的育兒方式與孩子綁在一起了，那只是湊巧扣錯鈕釦罷了。」

花了時間解釋之後，如果家長聽進去了，再進行第二步驟。

我必須讓家長了解，孩子拒絕上學的狀態不是什麼大不了的事，而且對待孩子也要切實讓他感受到這一點。我這麼一說，很多父母都大為驚訝。但是現在都立高中的升學考試制度中，對拒絕上學孩子沒有任何不利的條件，以前制度的確對這種孩子不利，但現在已經不是問題了。

當然，大半的人會說：「您說的我都明白，可是很難百分之百聽進去。」當然，孩子是自己的心頭肉，一定會這樣想的。所以我會對家長這麼說：

「您心裡怎麼想不用改變，只要改變口氣和行動就行了。」

這裡是一大關鍵重點，改變想法並不容易做到。但是，**只要一直提醒自己改變口氣和行動，自然而然就會改變了**。據說在腦科學方面，靠著改變口氣可以形成腦的迴路，潛意識會將它改寫。

例如，父母可以對孩子這麼說：

「之前我們說了很多要你去考高中的話，不過冷靜想想，其實上不上高中根本不重要。你不去學校也沒關係，我們都支持你，不用擔心。」

孩子心裡也許會咯噔一下。

剛開始時，他可能會想「反正只是說說而已吧」。但是觀察父母的樣子，爸爸再次背起了心愛的高爾夫球袋出去打球，媽媽和朋友外出的機會增加了，也聽得到父母開心的聊天談話。於是，框架便開始喀啦喀啦的崩潰了。

不把不去學校當成問題，在其他的事上專心陪著孩子就行了。只要能做到這一點，孩子沒了框架，也沒有對抗的對手，就只能面對自己。也許他對出乎預料的轉換感到困惑，不過他自己漸漸會想：「我自己得想點辦法。」

這裡，唯一要留意的是，**不要讓孩子覺得「我被放棄了」**。像是「隨便你啦」、「你愛怎麼樣就怎麼樣」、「反正你也考不上高中嘛」都是最要不得的說法。即使做父母的真的認為，孩子想怎麼樣就隨他去，但是從口中說出來時，傳遞給孩子的訊息會不一樣。聽起來會變成「管你去死」。

消除孩子的理想線

父母不可能永遠跟在孩子身邊，正因為如此，才會希望孩子獨立時能夠邁向幸福的人生。那麼，幸與不幸是什麼呢？但其實，它的解釋因人而異。只有一點，我敢確定的是，當人感覺「自己很幸福」或是「自己很不幸」的時候，通常都有比較對象。

尤其是，當那個對象特別突出，而產生不幸情緒的時候，我們會在自己腦中畫一條「理想線」，**自己未能達到那個標準時便感到憂鬱，或是批評未滿足標準的環境。**

但是，這條「理想線」是可變動的。不僅可變動，有很多理想線根本不需要存在。像是「年收入」、「學歷」、「面子」、「認同欲」、「外表」、「毛髮量」、「朋友數」……。每個人都有各式各樣的「理想線」，擁有越多「理想線」的人，越容易感到不幸或壓力。

所以，大人得到幸福的方法很簡單，只要斷捨離「理想線」就行了。問題是孩子。孩子當然也有「理想線」，因為這是父母和周圍的大人培植出來的。

在我們家，我們夫妻有個默契，「孩子即使跌倒了，也要表現出什麼事都沒有的樣子。」不幫助、不慌張，笑容滿面的看著孩子，有趣的是，孩子也不會哭。因為他從周圍的反應感覺到，跌倒了不是什麼悲傷的事。

假設此時有個溫柔的母親立刻跑向前安慰孩子，「有沒有事，會不會痛？」孩子察覺到母親不同於平時的反應，感覺到「自己現在很不幸」便哇哇大哭了。大人實在沒有必要刻意為孩子加諸不幸的線。

又例如假設有個家長非常熱中教育，從小就拚命告訴孩子「你一定要考上名校！」父母在孩子心中培植了「學歷」的理想線，命令他超越這條線。孩子也加緊努力，想要回應父母的期待，但是，當然有些孩子不擅長念書，這樣的孩子每天都必須抱著自我否定和壓力過日子。這種生活才真的不幸。

「我希望孩子幸福的長大！」

如果這是你的心願，不妨幫忙改變一下理想線的畫法。「改變」並不是要你把理想降低，而是從不同的角度來看事情。舉個身邊的例子，兒子小的時候，有一次我陪他去買玩具。

「啊，這個玩具A也有。」

「我好想買這個！」

「啊，這個出新款了！」

孩子們又吵又鬧，只是，那一天，兒子直到最後都為兩個玩具苦惱。因為我要求他「只能買一個」，強迫他放棄一個。於是，走出店門時他的表情很頹喪。

我問兒子：「你不開心嗎？」果不其然，鬧起彆扭來。

「我想要〇〇，都不買給我……」

於是我這麼說：

「你想想看，來到玩具店之前，你的手上一個玩具都沒有吧。可是現在呢？手上多了一個玩具哦。而且，也是你想要的玩具呀。所以，接下來兩種給你選，你寧可從什麼都沒有到多了一個，覺得好開心，還是兩個玩具都沒買，覺得好難過？」

我想告訴他，幸福是看你怎麼解釋的。

兒子才三歲左右，老實說我也不確定他能理解到什麼地步，不過看起來他好像懂了。從此之後，不論買什麼給他，他都十分開心。不過，也許孩子只是不想掃我的興，故意裝出開心的樣子吧。

不要讓孩子在心中形成理想線，有時候也很重要。

最常見的就是孩子對父母想像出「理想的父親」或「理想的母親」、「理想的家庭」樣貌，然後對其間的差距感到不滿的案例。

「A同學的媽媽好會做菜，她做的便當超可愛。」

「B同學的爸爸會踢足球，假日總是陪B同學出去玩。」

「C同學一家人每年都會出國旅行。」

相信不少家長因為孩子的這種抱怨而傷腦筋吧？

這種經驗我也有過。國中老師要帶社團活動，基本上工作時間很長，休假日也很少在家。沒有爸爸陪伴，兒子們也很不滿吧。他們舉別人的爸爸為例，所以我對兒子們這麼說：

「哦——他們的爸爸這麼厲害啊。但是，你們再怎麼追求理想的爸爸形象，老爸也學不來呀。傷腦筋，哈哈哈。」

重點是說的時候不要一臉嚴肅。想要消除孩子不自覺形成的幸福或不幸理想線，最有效的方法，就是一笑置之。

當然，這不過是藉口。在我心中也有父親的理想線，也不斷努力盡可能的符合孩子們的期待。但是，現實中無法達成的話，只能讓孩子暫時忘掉那條理想線比較好。因此，**如果繃著臉說「抱歉沒有成為你想要的爸爸」，孩子心中的理想線便確定了**。這裡即使帶點狡辯的口氣，一笑置之就算了。最重要的是讓孩子感覺「自己真不幸」並沒有什麼大不了的。

父母的煩惱　單元

懷疑孩子發展遲緩、擔心孩子課業跟不上

我之所以盼望日本教育盡早改弦更張，實施「多樣化教育」，是因為我們人類的遺傳基因變動很大。

有的孩子不善言辭，畫起畫來卻出神入化，有的孩子一碰到數學就投降，卻是個體育健將……這些都是孩子的特質，他的能力。教育的基本難道不正是把孩子的潛力發揮到極致嗎？

周圍的大人想像「這孩子長大成人後會是什麼樣子？」然後往前回推，思考著「讓他學什麼好？」「該如何學好？」提供最適合孩子的「課程」和「學習方法」，我認為，這就是學校存在的意義。

只可惜現在日本的教育現場，只用非常整齊劃一的形式提供「課程」與「學習方法」。這些形式的問題，在於它會擊垮剛好不適合的孩子潛力。

比方說，無法閱讀的學習障礙，叫做閱讀障礙，在今天日本的教育制

度下，這種孩子不能上高中。因為用ＩＱ尺度來測量閱讀障礙的孩子，會被評鑑為最低等級。他們能與人正常對話，也擁有突出的能力，即使如此，參加ＩＱ測驗後，周圍的大人下的結論卻是：「啊，這孩子有發展障礙。」

但是社會上有很多大人即使不擅長閱讀，仍然有很大的成就。像是規劃太空旅行的企業家理察・布蘭森（Richard Branson，維珍集團創辦人），世界數一數二的電影導演史蒂芬・史匹柏、好萊塢的大明星湯姆・克魯斯。各位知道嗎？他們都有閱讀障礙。

只是剛好不適合上課

前些天，我讀了一本慶應大學的醫師寫的一本書，大吃一驚。那位醫師留學哈佛大學的時候，指導教授（世界級知名醫師）是個閱讀障礙者。

那位女醫師無法自己閱讀論文，所以請祕書代讀。也許各位會想：「只靠耳朵聽，大腦就能接收資訊嗎？」但是閱讀障礙者閱讀能力雖然弱，相對的卻強化了聆聽和說話能力。實際上，這位醫師從小就靠著父母讀書給她聽長大的。結果，她比其他人都擅長用聆聽讀取資訊。

「這位醫生如果在日本的教育制度中長大的話，會成為什麼樣的人呢？」

我聽到這位醫生的故事時，忍不住這麼想。不可否認，學校或行政單位遇到這種學生，有可能會自行將她編入特殊教育班吧。

如同這位女醫師的案例，如果大家不能理所當然的認為，發展孩子拿手的特色，輔助開發其不擅長的能力，那麼就無法實現「將孩子潛在能力發揮到極致」的教育理想。

因此，我們首先應該做的，是改變對發展障礙的認識，如閱讀障礙、

ＡＤＨＤ、亞斯柏格症候群，世人認為發展障礙的症狀，其實就是個性。所以，我在本書中也盡量使用「特質」這兩個字，而不說障礙。

能力高但是發展上有特質，剛好不適合學校的教學方式，無法回應家長的期待，日子過得很辛苦。這種孩子其實很多。

有的孩子自我否定，說：「爸媽叫我一定要考上一流大學，可是我的頭腦不像爸爸那麼聰明。」也有很多孩子認為「我現在馬上到國外去比較幸福」（當然也不輕鬆）。

或者，也有非常多孩子在發展上有特性，他可以和大人對話，但是和同年層的人卻無法妥善溝通。於是父母感到不安，來找老師諮詢。我大多會這麼回答：

「你的孩子跟我談話時很正常呀。現在也許只是剛好與朋友不太會溝通的時期。出了社會之後就沒有關係了。反倒是我比較擔心，你們會對令郎強加『你不善溝通』的印象。」

藝人塔摩利自小就是個脾氣倔強的小孩，有段時期他覺得和同年層的孩子「相親相愛」很無聊，曾經說：「進小學之後『可以交到一百個朋友』——人生不是靠這種事來決定的。」但是，看看現在的塔摩利，應該沒有人覺得他是個「沒有溝通能力」、「不會察言觀色」的人吧。

我經常帶學生到東大尖端科學技術研究中心中邑賢龍教授的研究室，讓他們和老師對談。中邑教授是「人類支援工學」的專家，利用最尖端的科技，支援人類的能力，更是「異才挖掘計畫」的主要成員，支援在發展上有特性、不適應學校的孩子。中邑教授的基本立場是：

「學習有其目的。只要學會解決問題時需要的知識和技能就行了。」

如果有閱讀障礙，沒有必要勉強在學校學習，運用智慧型手機，學習自己喜歡的科目就好了。他給學生們的建議真是大快人心。

儘管量小力微，但我會再接再勵，盡可能減少受目前教育制度、評鑑制度所苦的孩子，實現眾人皆能認同中邑教授思想的社會。

3

質疑「協調性、和睦相處」

多樣性的本質是什麼？

否定「大家和睦相處」的全校集會

在全校集會上，我說了蘋果創業者史蒂夫・賈伯斯的故事。

「你們知道史蒂夫・賈伯斯是個人緣差的人嗎？聽說他相當討人厭。那麼，你們知道他最優秀的地方在哪裡嗎？是『目的』。他一直有個目的，就是透過蘋果製品，為全世界的人帶來歡樂。所以不論是開創電腦，開創iPhone的時候，他堅決不接受妥協，對細節錙銖必較，強迫大家接受自己理想的創意。

「員工們提出了各式各樣的意見，但是都被他一一反駁。很多人甚至生氣不幹了。但是，他不肯屈就自己的意見，最終達成目的。

「當然，他的作風誰也學不來。史蒂夫・賈伯斯是創業者，具有命令部下的權力，而且他想出的點子的確很完美，所以才能創造出好產品。如果對創意沒有信心，那麼聽聽別人的意見就好。

「只是，這裡我希望大家想一想，『聽從大家的意見，而無法達成目的』與『一意孤行而達成目的』，哪一個比較重要？

「各位今後的人生，也會有很多次必須判斷哪件事優先的機會，到那個時候，我希望你們記住，與大家和睦相處或協調性絕對不是目的。」

說完這段話，孩子的臉上滿是疑問。因為它徹底推翻從小接受的教誨──「與大家和睦相處」。但是實際上，出了社會之後，如果會議上全是只重視協調性的人，大家顧忌著彼此，最後只能討論出半吊子的結論。

協調性畢竟只是為了達成目標的一種手段，不是「目的」。只是大家都朝著相同方向合作比較好時，才需要協調。的確，事情能夠一帆風順的前進當然理想，但是如果以平靜無波作為前提，使得事情沒有進展，那麼重視協調性就沒有價值了。

日本社會向來會把不合群、破壞和平、不善溝通的孩子視為異端的傾向。

也就是所謂的「**槍打出頭鳥社會**」。

但是，未來是個各憑本事、發揮自主性的社會，等於是反其道而行。

換句話說，是個到處都是出頭鳥的社會，或者是尊重出頭鳥的社會。包含成年人在內，習慣社會到處是出頭鳥的人並不多。正因為如此，本校正努力教孩子在到處出頭鳥社會中的處世之道。

具體歸納如下：

- **讓孩子了解每個人都不一樣。**
- **教育孩子控制情緒的重要性。**
- **學習發生對立時達成共識的協商方式。**

我認為這是孩子們出社會後，一定派得上用場的多樣性教育根基。

「協調性」會給孩子壓力

只教孩子協調性的話，越來越多孩子一旦發現自己與周圍格格不入，就會感到過多的壓力。

舉例來說，日本社會常見的煩惱——**同儕壓力問題**，這便是和睦相處教育帶來的典型弊病。「我不想在班上太突出」，孩子產生不必要的不安，竭盡所能的與其他人同聲同氣。社群內心態從容的孩子比較多時，同儕壓力並不會太強，但社群內越多的孩子自我否定或自卑感強烈時，對周圍的攻擊性也越強，同儕壓力也有增強的傾向。

沒有必要讓孩子故意與大家唱反調，但是如果孩子疲於應付同儕壓力的話，就應該明確的告訴他：「**配合大家，或是不配合大家，你自己決定就行了，這沒什麼大不了的。**」

麴町中學的教育目標是「自律」、「尊重」與「創造」。

不過，即使這麼告訴孩子，站在他的立場，一定還是不喜歡與友好的群體之間，產生不自然的氣氛，而且父母也會擔心孩子會不會成為被霸凌的對象。這種時候，父母不妨問他：

「你覺得怎麼樣說話才不會被大家討厭？」

試著與孩子一起共謀對策，讓他按自己的做法去做，而不要輕率的加深對立，這才是多樣化社會重要的技能（後面會在共識形成的單元解說）。

另一個常見的例子，是自稱「我不適應日本的學校，想去海外留學」的孩子。

這是一個不錯的選項，既可增強語言能力，也能與各種文化背景的人交流，進而為成為全球化人才打下基礎。

不過，這其中有些孩子是因為周圍的人過度期待多元性，才想去國外的。這種時候，我會建議：「也許你的確適合國外，不過不妨把周圍的人當作外星人也不錯呀。」

在單一文化下成長的日本人一旦到了國外，不論做什麼事，都會有「大家當然不了解我」的心理準備，也會思考如何與思想、行為習慣都不相同的人相處。因此在人際關係上，會用比在日本時更高的視野去面對和掌握。也就是說，我希望大家可以用相同的感覺，去看待現在自己周圍的人。

我這麼一說，很多孩子都恍然大悟：「哦，這麼說的確如此。」他們**領悟到，自己口口聲聲抱怨「他們都不了解我！」但其實自己也不了解周圍那些不了解自己個性的人**。

我深深覺得，多元性的感覺，並非一朝一夕可以領悟，而是靠著訓練的結果。但是，只要每次都引導孩子用「**每個人當然都不一樣，那麼我們該怎麼做？**」的角度去看待事物，孩子們漸漸就會懂得尊重他人，不太會發生「槍打出頭鳥」的情形。

前段時間畢業的學生當中，有個非常有個性的孩子。他所有科目的成績都不好，但是不論哪一堂課，只要老師一說話，他就一再舉起手，問些無厘頭的問題。唯獨社會科奇葩似的拿手，全國排名頂尖。而且，在社會課時他會提出各種難解的問題，班上的同學完全聽不懂。他是個這樣奇特的孩子。

如果只是問問題倒還好，偶爾他情緒不太穩定，上課中突然跑出教室，或是攻擊同學，說「大家都把他當傻子看」，所以一年級的時候，同學都對他敬而遠之。

但是，當我們施予接受並用對話克服對立的教育後，周圍的孩子漸漸接受了他。當然無法立竿見影，但是二年級下學期時，有一天那個孩子出現恐慌，老師想要安撫他時，班上的女生們上前說：「老師，沒關係，交給我們。」

畢業前，我和那孩子班上的幾個學生面談，他們的話令我印象深刻。

「多虧了〇〇在我們班上，我才知道人的想法有很多種。」

向靜香學習認同差異的姿態

孩子們的自律方面，最重要的不是教他們協調性，而是他們能接受多少多元性。換句話說，每個人都不一樣，並不是叫他往東，他就會往東。必須接納個人的獨特性，在這樣的前提下才能教得動。

這裡所說的「認同差異」，是指努力去尊重、理解對方的想法和置身的立場。

暫時接受不同的意見和立場，選擇不會無謂激化對立的語言，向其勸說。

這是多元化社會中理想的溝通方式，也是謀求達成共識、建立人際關係時可以用得上的強大武器。

關於多元化社會理想溝通的技巧，最淺顯的例子就是《哆啦A夢》中的靜香。該作品中的角色經常用於心理學的範例，像大雄是個自我否定、自卑感很強，而且非常依賴被動的孩子（與本校的理想形象完全相反）。相對的，靜香有清晰的主見，但是又能包容多樣性，所以不論她提出什麼意見，都能得到首肯，完全不會樹敵。

例如，朋友約靜香出去：「要不要一起玩？」首先，靜香會用肯定的話回答：「不錯耶，好棒。」之後表明自己的立場：「可是，我今天要練鋼琴。」從朋友的立場來說，雖然邀請被拒絕了，卻不會留下不高興的感覺。

這種對話的技術叫做肯定（assertion）。對大多數商務人士來說，這是常見的知識，這種技巧被定位為溝通中最高級的技術。不過，雖然有人刻意運用在談判場合中，但是絕少會在一般生活中隨意使用。

非常識教育 6 有助人際關係的對話訣竅

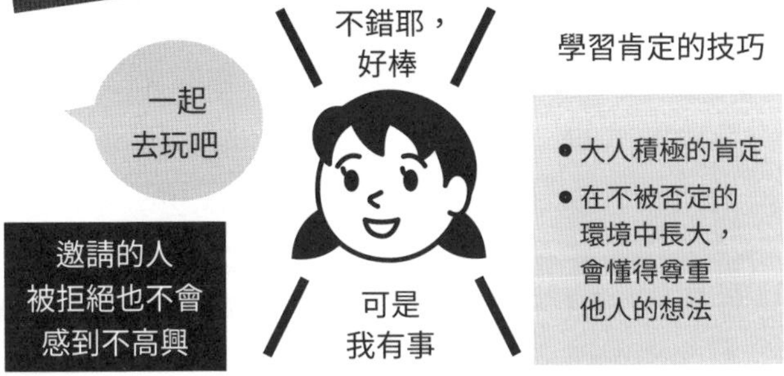
不錯耶，好棒
一起去玩吧
邀請的人被拒絕也不會感到不高興
可是我有事
學習肯定的技巧
● 大人積極的肯定
● 在不被否定的環境中長大，會懂得尊重他人的想法

一部分人主張：「日本人本來就是拐彎抹角的民族，說話還是直接了當吧。」不過，這種做法也只有像史蒂夫·賈伯斯那種推土機型的商務人士才適用。即使出現重大摩擦，還是有自信能達成任務的話，倒也無妨，但是普遍來說，沒有接受過辯論訓練的日本社會，開門見山的丟出意見，只會增加無謂的衝突。

那麼，孩子要如何學會靜香那種肯定技巧呢？這就要看周圍的大人能不能對孩子的所作所為不予以否定，從小積極肯定了。

一切都從意見的對立開始

接納多元性的第一步，就是認識差異。

我以前是個對道德教育十分堅持的老師，甚至數學課上自顧自的說起道德的話題。其中我最堅持的一點，是讓孩子擁有「從大視角觀察社會中存在的矛盾或對立結構的體驗」。

電腦不斷進化，現實生活變得非常方便，但是對立並沒有從社會中消失。而且，我們的祖先早就對矛盾或對立關係有過數不清的討論，我要孩子們先想想，為什麼對立還是沒有消失。

試舉一例，這是我實際上在道德課上說過的話。

我用二十幾年前NHK播放的紀錄片作為題材，節目叫做《飽食的時代》。首先給孩子看看泰國農家的訪談。

日本商社與農家簽約契作，生產洋蔥。可是接下來卻出現收成的洋蔥大量廢棄的場面。孩子們紛紛驚嘆的說：「咦，好可惜哦。」採訪員問：「為什麼要丟掉？」農家的人說明事情原委。

原來，日本商社收購的洋蔥有標準，尺寸太小的小洋蔥，他們不收購。可是今年洋蔥長得不好，不得不大量廢棄。況且，就算大小符合標準，形狀歪醜的洋蔥也不買。種了一大堆，但能被收購的只有一部分。

「為什麼日本人不吃小洋蔥或歪醜的洋蔥呢？味道不是都一樣嗎？」影片暫時停在農家的反問中。

接著讓孩子們看的是日本超市的景象，泰國製造的洋蔥在生鮮區販賣，四個一袋一百日圓，不零售。

「為什麼不零售呢？」記者問店長。店長說明如下：

以前洋蔥有零售，可是客人們為了找更大的洋蔥，會把洋蔥堆撥開，結果一再出現洋蔥堆崩垮的狀態。把它們恢復原狀需要人力，為了負擔人事成本必須漲價。所以，如果大小一致裝袋販賣的話，客人只需從最前面的貨品按順序拿，就不會有崩垮的危險。

「我們想提供便宜又實惠的商品。」店長解釋。

影片到這裡結束。

孩子們露出困惑的表情。

「聽農家的採訪時，覺得日本人好壞，可是超市店長並沒有壞心，而且也能了解消費者想選大的心理。」

孩子們左右為難，像這樣光是食物浪費這一個主題，就能從不同觀點看待事情，藉此了解問題的輪廓。

接著，我丟出問題：「那麼，你們想到什麼解決辦法嗎？」到這裡，才真正發展成意義深遠的討論。由於我們的目的不是提出正確答案，各位家長務必在家試試看。

我常常感覺，**把從單一方向看到的價值觀強加給學生的教育，並不適合作為道德教育**。

就拿和平教育作為例子來思考好了。和平很珍貴，戰爭是愚昧的行為，這個道理誰都知道。可是，實際上戰爭從未杜絕，現在世界的某些地方還在戰火當中。所以，我從小時候看著學校老師高喊「反對戰爭」的身影，充滿了強烈的不信任感。因為雖然年幼，但是我想知道的是發動戰爭者的見解——「為什麼非要戰爭不可？」

社會上存在的所有矛盾與根深柢固的對立結構，背後一定有多個利害關係人，各自都認為「只有我才是對的」。也就是說，「正確答案」不止一個。這時候如果只以一個評價軸來看待事物的話，找不到解決方法。

職場上的對立、夫妻間的爭吵也是一樣，用同樣的評價軸爭吵下去，不能消弭對立結構。必須爬上更高的層次，摸索出所有利害關係人都能接受的共同目的。第一步就是**傾聽不同立場者的意見，並且對話**。

只是把某個人當壞人、敵視他，世間的對立永遠不會解決。高舉著「反對戰爭」的標語牌，痛罵某人，又不斷灌輸孩子「一定要和朋友相親相愛、和睦相處」，不會成為解決問題的開端。

培養出不依賴多數決的孩子

個人主義是歐洲的基本精神，到歐洲時會發現「人人各不相同」是個再正常不過的常識。為了和平安樂，必須有眾人都有共識的法規，因而誕生了民主主義。也就是藉由對話形成共識。

民主主義在尚未培養出接納多樣性的日本來說，可能是不太能理解的概念，不少人還把民主主義誤會成「藉由多數決形成共識」。但是，那並不是民主主義的本質。

民主主義的本質是從傾聽、尊重各階層人士的意見開始的。本校禁止學生們決定事情時，未經過像樣的對話，就隨便以多數決表決，用剪刀石頭布決定更是豈有此理。

舉個簡單的例子。本校運動會交給學生自主規劃，從二〇一八年的運動會起，廢止了以前每年盛大舉行的三年級大隊接力賽。因為實施問卷的結果，有一成的學生不想跑大隊接力。

不想跑大隊接力：一〇％

想跑大隊接力：八〇％

都可以：一〇%

贊成派和反對派的比例為八：一，一般學校（或組織）的話，大多連多數決都不採行，直接無視反對派的意見，採納贊成派的意見。

但是，我在把運動會交給學生們的時候，提出了一個上位概念。那就是「所有同學都要玩得很快樂」。也就是，必須切實尊重少數派的意見。學生之間的討論相當熱烈，再三商量的結果，做出了廢止大隊接力的決定。相反的增加了新的項目「嗶嗶鎚」和「三輪車競賽」，讓不擅長運動的孩子也能玩得開心。

這裡要注意的是，為了讓「大家可以不一樣」和「重視全體（每一個人）」兩個相反概念同時並存，他們再三的對話討論。如果同學們因為意見無法統合而煩惱時，我就會以大家長的身分對他們說：「想想看，怎麼做才能讓全體都開心呢？」

學習在多樣化社會生存的技巧

希望孩子理解發生對立很正常時，必須同時教孩子「**控制情緒**」。有不同性質的人在就感到煩躁，是自然的反應，一般人會想否定他，如果可以的話也想排斥他。但是那種狀態下，與意見相左的人對話，只會讓彼此情緒化，加深對立。

現在許多企業都宣稱多樣化經營，聘用有多元背景的人才，希望打造成一個團隊。這都是因為他們想引發前所未有的化學反應，產生新的價值吧。

但是，在現實的社會，被丟進這種環境的成員，由於不知道正確對話的方式，別說是產生價值，恐怕還得看到他們增加對立，生產力下滑的景象。

因此，麴町中學每當大家決定某件事的時候，會獎勵商業的代表性框架**腦力激盪**（頭腦風暴法）和KJ法。

腦力激盪是不斷的生出點子，不斷寫在便利貼上的「創意發洩作業」，

ＫＪ法則是把想出來的大量點子分門別類，把互相關係畫成圖式，一面蒐集完結點子。

這些技巧，都在「我來教你們控制情緒的技巧」的開場白下傳授給孩子。

多數的日本人都不喜歡在人前表達自己的意見，因為還沒說，心裡便已惴惴難安，萬一別人反對的話怎麼辦？萬一發言講錯重點怎麼辦？班會上做決議的時候，經常看到的是老師、班長或少數幾個「嗓門大」的人發表意見，其他的孩子當場不說話，私下卻批評已經決定的事。企業裡也許也經常看到這種景象。

但是，如果按照腦力激盪「什麼點子都歡迎」的脈絡，就可以暢所欲言，不用在乎周圍的反應。同時當下也能大方接受不同意的意見。接著再用ＫＪ法，將腦力激盪出的點子機械化的整理，這樣一方面，自己的意見立刻可以進入討論中，**對於反對的意見，也能夠用冷靜的眼光看待——「原來也有這種意**

見」。

當然，點子整理收尾的時候，對立會檯面化，但是，因為已經暫時接納反對意見，就可以把發生對立的地方，特別標明出來。

對於不太接受過多元化教育的日本人而言，聆聽反對意見，是非常有價值的技巧。暫時接納反對意見，將差異作為起點，冷靜思考「為什麼會發生對立？」，最後會發現原來雙方的目標不一樣，必須找到雙方都能認同的上位目標，才能消除對立。

找到之後能夠握手言和的話，接下來就能把議題放在「那麼哪一種方法最好？」在這個過程中若投入情緒的話，就無法到達握手言和的境界。

另外，本校與倫敦的某所中學有交流，每年會進行十天的短期交換留學。我們隨行到英國時，向當地的老師說明這種教學模式時，有點意外的聽到他們說：「英國也有哦，原來日本也實施這種教育啊。」因為參觀他們的上課現場時，雖然也是採共同授課的模式，但是學生相當踴躍的舉手，有條不紊的說出自己的意見。

「日本為了引導出學生的意見，才特意使用腦力激盪，像你們的學生能夠不膽怯的抒發看法的話，還有必要採用腦力激盪嗎？」我這麼問，老師的回答說服了我。

他說，在邏輯上取勝需要辯論技巧，所有的討論如果都變成辯論形式的話，那麼討論的目的就會變成「打敗反對意見」而不是「想出好點子」了。而且班上具影響力的孩子、擅長邏輯推論的孩子和強勢的孩子，很容易發展成10比0的局面，只通過特定的點子。

「今後的時代，容納各種意見，建構創意的技術也很重要，正因為如此，只要有機會就進行腦力激盪。」

我自己也一直在基於自己的想法，從事向別人遊說，扭轉狀況的工作。有意識的從事，就是去理解反對者的意見。

我向來口舌便給，但是缺乏耐性，所以年輕的時候情緒都寫在臉上。有段時期甚至天真的覺得，如果抱著熱忱越級上訴的話，不同的意見應該也會獲得通過吧。但是後來才意識到，世間並沒有那麼單純到可以解決問題。

日本很喜歡歌頌青春的影視節目（當然我也很喜歡），受到此影響，連在實際生活中也傾向重視堅毅和熱情。

「銷售成績沒有成長，是因為客戶感受不到你的熱情！」

這麼訓話的主管、注入精氣神的餐館隨處可見。學校也一樣，熱血老師呼籲學生團結一致，經過迂迴曲折，最後達成了某個目的，大家一同感動落淚等。這種體驗不能說不好，但是我認為，**教孩子現實中動作太大，會引起別人的反感，從那裡作為思考的起點也很重要。**

察覺煩躁的自己——學習控制情緒的方法

我特地告訴孩子，腦力激盪或ＫＪ法並不是創意發想的切入點，而是「控制情緒的手段」，這是因為我希望孩子能朝著「發生意見或利害對立是天經地義的事，大家彼此平心靜氣的談談」，達到形成共識的目標。

首先，**如果因此形成共識的話，孩子們心中便會產生後設認知**。換句話說，當他發現自己變得情緒化時，會產生客觀分析自己（或他人）的觀點：「啊，我在生氣，情緒控制得不好哦。」事實上，學生當中也有孩子喜孜孜的對我說：「最近終於能稍微控制自己的火氣了。」這就是從大視角俯瞰自己的證據。

情緒控制的技術，是透過經驗來提升，所以並不是只要採取腦力激盪或ＫＪ法，就能夠馬上冷靜的交換意見。有的學生即使上了三年級，還是明顯的情緒化。

不過，因為大家的理智中都記得「不可以煩躁衝動」，所以當事人一生氣，自然就會踩煞車。這種訓練十分重要。能否察覺自己是否情緒化，差別很大。

一面控制情緒，暫時接納與己不同的意見，說起來好像很簡單，但是，大人有自己堅持的價值觀，也有基於成功經驗的成見，所以相當難做到。

就比如說，我改革學校的作法被媒體報導出來後，多了許多與全國各地教育人士會談的機會。尤其很多的諮商，都是「我也想改變組織，但是一般的辦法行不通」。但是，對方在與我談話中，臉上閃過一絲恍然大悟的表情，我想他肯定察覺到「自己莫名造成了對立」。

越是對我抱著「組織改革者」印象的人來與我會談時，越是期待聽了我的話之後，能夠學到推土機一般，讓組織煥然一新的祕招。但恐怕令他們的期待落空了，因為我說的內容，如「目的思考」、「形成共識」、「認同差異」等抽象理論，都是我以前進行組織改革的老調，它既不花俏也不新穎，我不是具有什麼突出能力的超人。

為了改變組織，我實踐的工作很簡單，與不同意見或利害關係的人再三對話，摸索彼此都能接受的上位概念，然後握手言和。只是認真的累積這些小小的過程而已。

不久，來諮商的人雖然贊同「大家有差異無妨」的理念，自己卻沒有認同差異，也就是說，他察覺到對立已經固定化了。不，別說是認同了，他意識到自己敵視對方，只是一味的批評，連小小的握手都沒有努力過。但是，能夠從後設的觀點注視自己，絕對是超越尺度的一大步。

培養孩子學會共識形成的訣竅

主動接近對方、引導人們、形成共識……在日本社會中，這些都是主管級在領導進修課上才會學到的能力。但是，在未來，有明確個性的人們將要共存的多樣性社會中，它將成為一般普遍的整套技能。

本校只要有機會就會教孩子們形成共識的訣竅。

例如，前幾天，兩名設計「全學年聯合午餐」企劃的學生跑來找我，請教幾個問題，所以，我們就在校長室一面吃午餐一面聊。

我最先問的是目的。

他們的回答是：「因為這樣才能聽到其他年級的事。」

好了，如果是各位有什麼想法呢？

作為透過學生會所做的個人企劃來說，說實話，目的有點弱。從一年級、二年級來看，這個機會可以聽到學長姊的經驗，也許會成為良性刺激。但是從三年級的立場來考慮，有些同學感覺不到與學弟妹一起吃飯有什麼好處吧。更何況，三年級就快要畢業了。

我把我的意見告訴兩人，他們似乎也能接受。「唔——校長這麼說的話，也許三年級學長姊的確沒興趣。」

那麼，用什麼樣的上位目的，可以讓它成為不同年級交流，而且三年級也願意參加的企劃呢？最後導出的主題是：「三年級可以將自己建立的麴町中學自律精神，教給一、二年級學生。」如果是這個目的，就能造就全體雙贏的狀態。

那時候我想教他們的是：「有人催不動是很正常的。」「讓沒意願的人提起興趣，就必須有個目的、理由、目標都讓他們服氣的企劃。」如同這個例子，透過學校的各種自治活動，孩子們學習到「如何打破前路層層阻礙的狀況」。

不管什麼樣的孩子都能成為領袖

如果引導他人的能力叫做領導力的話，領導力正是多元社會中人際關係的技巧之一。因為，堅信自己的想法絕對正確，強迫別人接受的瞬間，對立就產生了，所以，如果能挑選語言不引起對立，就能避開無益的摩擦。

我所想到的優秀領袖，有幾個條件，整理如下：

- **可以全盤接受現狀。**
- **非常了解自我。**
- **了解對方（改變前與改變後）。**
- **可以預測對方對自己言行的反應。**
- **配合預測，思索接近對方的手法。**

能夠滿足這些條件，就能成為領袖。最後到達哪個地步，則要看能不能全體都成為當事人，實現大家都一起行動的計畫。

一般人也許會有「領袖＝魅力」的印象，但是，我認為魅力的真面目，是「能不能巧妙運用打動人心的語言」。帶動力高的人、能透過對話形成共識的人、擅長打動人心的人，大家都具有強大的語言能力。行動雖然重要，但九成是靠說話的方法。

「**重點在語言**」。這並不表示領導力只有口才流利的人才能學得會。像是只靠投稿報導，對社會帶來影響力的部落客，國家元首身後的演講撰稿人，都是擅長用文章打動人心的人。也有不擅長話術或寫作的人，是個解讀別人心情的天才。這些人也可以成為領袖背後的左右手。

我認為不論是誰，都具有當領袖的資質。我自己也是從當老師之後，才學習帶動別人的技術。

但是，領袖教育不是強迫孩子接受的教育。

成為社會人之後，經常聽到人說「地位造就人」。但是我見過沒有意願的孩子，在周圍人強迫推舉下當上學生會長，因為超乎想像的重大壓力而大受挫折。而且，學習帶動別人的技巧，沒有比實際體驗更有力的方法，不是坐在桌前就學得會的。重要的是當事人想要學習技巧時，周圍的大人能不能給他準確的建議。

面試或發表會上，孩子的話耳目一新——「選擇與排列論」

卓越的領袖寫道：「高明的運用打動人心的話。」事實上，我在對孩子們傳授領導力教育時，絕大多數都是在語言的用法上提出建議。這裡介紹具體的方法，各位在家中應該也用得上。

第一，我教孩子的是語言具備的「性質」。語言傳遞給對象，而且打動他的心時，才開始發揮它的價值。困難的地方就在打動對方的心。那麼，我們該怎麼做呢？我想到的是語言的「**選擇與排列**」。

所謂語言的「選擇」，就是想清楚什麼樣的單字或表現，會讓對方產生「哦？」的驚奇感，越是來自自己經驗的獨特詞語越有效果。語言的「排列」，是考慮在什麼樣的話題中插入自己想出來的獨特詞語，讓對方為之著迷。我對公眾講話，或是寫文章，隨時都會提醒自己這兩個要素。

例如，推薦的模擬面試上，我問學生：「國中生活中你學到什麼？」假設孩子回答：「我擔任過班級幹部，深感要帶動別人非常不容易，也學到了合作的重要。」

我立刻這麼回答：

「剛才你回答學到合作的重要。這個回答能打動面試官嗎？合作的重要這句話常常聽到，但它到底是什麼意思？既然常常聽到，那它就是老詞了。十個學生很可能十個人都說同樣的話。」

孩子露出「有道理」的同意表情。

「那麼，面試時，把『合作』這個詞改成『攜手努力』怎麼樣？攜手努力是我們學校提出的目標之一，中學生也許不太有人會用這個詞，你不覺得光是這樣，面試官得到的印象應該會耳目一新？只是它還不是自己常用的詞，必須想些更適切的用語才好。」

一段時間的問答之後，孩子自己想到了好句子。

排列是這樣的：比方說面談時，對方問：「想進志願高中的入學動機是什麼？」假設學生的回答是：「得知貴校進行學校活動時以學生為主體，十分感動。」這種回答也過於尋常，無法打動面試官的心，這種時候，我經常會畫分布圖給他們看。

「你想進的高中，推薦的競爭率約為四倍。這裡是分布圖。只有最前段的二五%學生可以進得了。你現在的志願動機，會在這張分布圖的哪裡呢？這一帶吧？照這種狀態，你會讓好不容易得來的機會，眼睜睜的看它溜走。那麼，你該怎麼做呢？」

當然，孩子也不知如何是好。我立刻往下說：

「那麼，你的夢想是什麼？將來想做什麼事呢？」

於是，孩子說他將來想到國際機構工作。接下來，只是把志願學校對於他夢想的實現，扮演什麼角色用語言表達出來而已。舉例來說，為了在國際社會發光發熱，希望能成為接納多樣性的人才。這一點，該高中的校風尊重學生的自立與個性，所以，高中三年應可在心智上有所成長，從這個切入點展開自己的想法。

既可以用將來的夢想來回推，也可以以現在心中的煩惱或問題作為起點。但是如果能藉由孩子自己的人生故事來訴說志願動機的話，會比只是按說明書寫的版本說明，更據有說服力得多。面試官應該會對孩子的故事感興趣。

語言的選擇與排列在寫論文時當然也有效。這句話以這樣的脈絡來寫的話，會給讀者什麼樣的印象？寫文章時始終意識到讀者的反應，便是文章打動人心的基礎。

只是，對口頭語言的要求會更嚴謹。因為口頭語言會在時間的流動中消失，不像書寫文字，可以事後重讀，所以，必須一直維持著趣味性。因此，重要的是重點。盡可能早點說出自己的故事，形成對方想問許多問題的狀況。一旦形成這種態勢，就會從「面試」固定的來回問答，轉變為「人情味對話」的氛圍。給對方的印象也會陡然轉變。

我幾乎每天都會對人進行這種語言指導，雖然對學生會長，或擔任某幹部的學生指導比較多，但是不論什麼樣的孩子，只要持續給予語言的教育，都能培養成領袖。

其中，有的孩子是因為渴望頭銜才成為領袖。這種孩子在我諄諄提醒「用第三者的視角看看周圍如何接受自己的言行」後，也自然的學會後設認知，開始思索「怎樣改變自己」、「怎樣改變用詞」，最後成為一位優秀的領袖。

全校學生都哭了！傳說的畢業典禮

我認為必須在一對大眾狀態下操縱語言的簡報技巧，是語言教育的一種最終型態。雖然無法像「選擇與排列」那樣頻繁的指導，但是簡報力是一出社會就能派得上用場的技巧，所以只要有機會，我都會盡量向孩子們傾囊相授。

最具象徵性的是二〇一八年春天的畢業典禮。

本校的畢業典禮，與一般公立中學相比有少許的不同，不進行歡送與感謝致詞。相對的，由學生會長和我使用PowerPoint進行簡報。而學生會長的簡報更是精彩萬分。

主題是「尊重」。

他運用了多個事例向孩子們介紹本校認同不同個性、不同意見的特色，並且希望學弟妹能將這種校風傳揚下去，以這個寄望收尾（注意選擇與排列下精製完成的作品）。

孩子們、家長、老師，很多人都哭了。

其實，長年的教書生活中，我從來沒有在畢業典禮上流淚大哭。即使鐵石心腸如我，當時也不禁眼眶泛淚。這場打動人心的演講達成得十分完美，我甚至覺得，如果有國中生簡報大會的話，一定能拿到冠軍。

學生會長叫做荒川聰太，老實說，荒川同學並不是擅長在眾人面前說話的學生，反倒是給人一板一眼、害羞，說話有口頭禪的老實印象。

學生會長在眾人面前說話的機會很多，所以他當上學生會長之後，我只給了他一個建議：站在台上時，兩手扶著演講台，把臉抬高再開始說話。這樣做，身體的顫抖就會停止，散發出氣勢，聽眾也會充滿敬仰。

只不過，畢業典禮的簡報，是用手邊的遙控器操作PowerPoint的幻燈片，用頭戴式麥克風演說，不可能只靠講壇上的小技巧過關。因此，畢業典禮的前一天，我請荒川同學下午四點到學校來進行彩排。

把原稿背得滾瓜爛熟雖然好，但是平常動來動去的毛病又跑出來了。而且，第二天就要發表簡報，我問他：「簡報共有三十頁，沒什麼時間了，你想怎麼做？」「我想提升水準！」所以我教了他幾個平時很少提到的技巧。

一是在講壇上如果動來動去，聽眾的注意力會被講者身體的動作吸引，反而沒聽到說話，所以身體不要動。尤其是掛著頭戴式麥克風，兩手空置，最好將兩手手指在肚子前面輕輕交叉，把它當成靜止位置。這是微軟全世界聞名的頂尖簡報家澤圓先生教的方法。

其次，我告訴他，目光飄來飄去的話，聽眾無法專心聽演說，所以，打造一個與聽眾一對一的氣氛。方法很簡單，選四個死黨，依順序一一看著這幾個朋友，然後開始簡報就行了。之後，把全體環視一次再注視一個人，然後再環視全體，多做幾次就行了。

最後是高級篇，完全不看幻燈機投射出的畫面，盡量利用講台的空間說話。例如，你若說：「我想告訴大家兩件事，」然後走到講台右端，完全站定之後，切換幻燈片，說明「第一件事……」接著移動到另一側，同樣開始說明「第二件事……」交互運用身體語言和手勢說明。

說完建議兩個鐘頭後吧，他請我去看看他的練習成果，我到彩排的禮堂一看，他已完美的實踐了我的叮嚀。

畢業典禮當天也十分成功，對荒川同學來說，這也是他生平第一次在眾人面前正式簡報，並且將全場帶入感動的渦流中，這將成為他一生的財產。

不過，荒川無意願在日本的高中升學，也沒有去考試。畢業後他進入語言學校，他告訴我以後要去國外讀高中。我送他出去時，也大力鼓勵說：「你能達成那麼完美的簡報，以後在國外一定沒問題。」

畢業典禮前一天只用了兩個小時特別教學，孩子的表現就能截然不同，這些成果歷歷展示在我面前，讓我再次堅定的說，大人絕對不可以任意決定孩子的能力。

父母的煩惱

單元

孩子為未來出路煩惱，父母應該干涉到什麼程度？

如果是個自律的孩子，對於出路他會有自己的看法，不過當然也會有難以判斷，或是沒有自信心的時候，在這種時候作他有力的商量對象，是父母、教師重大的責任和義務。

本校由於廢除了導師制，學生不時會到校長室來，跟我討論未來的出路（我告訴孩子們，「隨時在校長室等你們」）。有些人擔心「頻頻接受可能影響孩子前途的重要諮商，會不會太累？」不過，孩子來找我商量出路時，我一律要求以下三點：

1　時間有限，希望孩子了解按照優先順序的重要。

2　從長期的視角來看，做出不後悔的選擇。

3　商量完後，最後由學生自己下決定（我不會說「選這條一定好」）。

我舉個實際的例子吧。前幾天，一個國中三年級的學生到校長室來，他已經決定好就讀的高中，一問之下，他的煩惱是升學後的方針。

那孩子熱中的事有二：

一是田徑。國中時代留下了優秀的成績，所以他希望高中也能繼續練田徑。而另一項是電競。所謂電競，就是電玩競賽。全世界的競賽玩家不斷攀升中，現在大型比賽中獲得冠軍，也可以得到溫布頓網球賽等級的獎金。這位同學加入成人的高手隊伍，挑戰電競，但他說只有星期六、日玩。只是，電競的比賽，每一次就要持續五、六小時，他很煩惱週末要在大賽和有團練的田徑隊之間難以抉擇。

的確是很難決定的選擇。

他也考慮到未來大學的科系，如果讀他拿手的理科學系，到時候因為忙於實驗，很可能田徑和電競都無法參加，所以也想過選文科。反正未來打算繼承家業。過去在學校遇到他時，總是給人靠不住的印象，沒想到他對未來的前途想得這麼多。

那時候，我對他這麼說：

「你的思慮這麼周密，校長很佩服。最重要的還是最後不要後悔。」

「至少，如果暫時停止田徑練習，以後要恢復體能可能有點困難。關於電競，校長對那個領域不熟，不敢隨便亂下評論，但是也許成年之後還可以重新開始。所以，如果現在你決定練田徑，可以暫時先專心投入一年或兩年看看。專注做某件事所得到的能力，將來一定有用。因為想做什麼或放棄什麼，決定好優先順序，對人生十分重要。大致就是這樣。」

他回答：「其實我自己也這麼想。」原來他已經把想法整理得差不多了。

優先順序在人生中十分重要，料理研究家行正理香在本校畢業紀念演講中，也說出了完全相同的話。

她說，在人生中，最理想的狀態是每一時刻投入於自己「想做」的事。

一天只有二十四小時，一年只有三百六十五天，她告訴了孩子們決定該做什麼、放棄什麼的重要性，與我的想法完全相同。

從小時培養孩子的自主性，長成有挑戰企圖心旺盛的孩子時，一定會出現孩子「想做這個，也想做那個」的場面。

這時候，周圍的大人應該要有遠見，看清楚孩子是否能兩者兼顧。如果擔心他會半途而廢，若無其事的建議他「一天只有二十四小時，那你要怎麼分配？」也很重要。同時，最終決定終歸還是讓孩子自己選擇，因為自己選擇決定，是十分重要的大事。

4

質疑「為了孩子好」

為了自律，父母可以做的事

不用為孩子之間的齟齬仲裁嗎？

我對所謂的「斯巴達教育」有些許懷疑之處。

世上的成功人士，有的像《巨人之星》裡的星飛雄馬，靠著父母與指導教練徹底的訓練下而有了今天的成就。只不過，正是因為他成功了，旁人才會歌頌他的過去當作美德。但是鎩羽而歸的人，他的過去幾乎不會在世上傳揚開來。

如果從小父母就禁止孩子做有興趣的事，強迫他做不想做的事，結果多年的努力卻無法成為生活主軸的話……。我自己沒有這種經驗，不敢隨便亂說，但是不少人後悔「自己兒時到底在做些什麼？」，甚至也有人一生都受到怪罪父母的情緒所牽絆。

父母對孩子的照顧最多二十年，如今已經是壽命一百歲的時代，剩下的八十年，孩子都得獨自過完人生。這麼一想，**父母的責任不是揠苗助長，養出一個雙親不在就萬事不能的孩子，而是傳授孩子獨自生存的智慧**，或者給予他自助的環境。即使做不到這些，至少不要剝奪他獲得獨立生存智慧的機會。

那麼為了養出自律的孩子，周圍的大人最需要注意的是什麼呢？

那就是，**專心「等待」**。

從父母焦慮的強迫孩子長大開始，就奪走了孩子自律的機會。專心的「等待」。我很了解這有多麼困難，尤其父母自己也是雙親費心栽培長大的，採取完全相反的教育方式，需要相當大的勇氣。

設想一個簡單的場景，就拿孩子在公園裡玩耍的沙坑好了。

母親們都在沙坑附近守護著孩子們玩耍。

所以，假設有個孩子的沙鏟被別的孩子搶走不歸還，被搶走的孩子哭著說：「他不還我！」

這時候會發生什麼事呢？

搶沙鏟孩子的母親怒氣沖沖的跑過來，從自己孩子手上拿走沙鏟，然後鄭重的向哭泣的孩子和他母親道歉，接著嚴厲的斥罵自己的孩子：「趕快向○○道歉。」這種互動在日本是十分常見的景象，不如說在這種場景裡，母親若不出手干預，很可能被周圍視為沒教養吧。這正是我們社會和睦主義優於孩子自律的最佳佐證。

當然，善惡的教育也很重要，所以，在這裡也許很難完全放任。只是，大人干預的時機如果能再晚一點，你們認為會發生什麼事呢？

說不定搶走沙鏟的孩子看到那孩子哭了，猶豫了一下，按自己的判斷把沙鏟還給他也不一定。即使沒有馬上還，日後在沙坑時，別的孩子說「○○不還沙鏟，我討厭你」，最後誰也不借沙鏟給他，說不定他就會反省自己的行為。

不論哪個結果，孩子都會從實際的體驗學習社會。

孩子讀到幼稚園為止，大部分父母還有時間關注孩子的舉止，唯有一種例外，就是準備小學考試的孩子。比較早的，三歲左右就送孩子上補習班了。把哭著說想在公園玩的孩子帶到補習班裡，讓他學習禮儀，玩著色、畫圖，從很小的時候，父母就整天跟在身邊，叫他做這個、做那個。這樣長大的孩子就會變得不擅長自己思考、行動。念書也是一樣，越是強迫他坐在書桌前，希望他養成學習習慣，孩子越會失去自己主動想學習的力量。

這樣的孩子大多到了小學高年級或國中的時候，就會長成**一有什麼不順利，無法自己解決的孩子**。情緒表露出來的孩子怪罪別人，情緒藏在心裡的孩子則否定自己。外表看起來，他好像是個乖順聽話的好孩子，其實很可能成為「擅長感受不幸的孩子」。

插手管孩子收拾房間會怎麼樣？

重視孩子自律與自主性教育方面，經常躍上話題中心的是北歐。

「孩子的人生是屬於他的，必須訓練他自己做決定。」

「失敗是一種學習，必須讓他經歷許多失敗。」

這是北歐思考教育、育兒時基礎的思考方法，我並不是北歐樣樣好主義者，但是對本質論已經普及到整體社會感到羨慕不已。

「**孩子房間的收拾整理**」可視為是否尊重孩子主體性的量尺之一，它也是育兒時象徵性的場景。

孩子房間的收拾狀況有千百種。有的家庭母親率先收拾整齊，也有的家庭會斥責孩子「把房間整理整理！」但也有像我母親那樣，完全不管不問的家庭。

順道一提，我自己從以前就非常不會收拾房間，小學的時候，房間處於無立足之地的狀態。只是，不管再怎麼不會收拾，一年也會有幾次想到「再這樣亂下去就麻煩大了」。然後試著整理。但是，我並沒有按順序有效率的整理完，常常打掃時發現了什麼，就坐下來看，根本忘了打掃。如果發現了自己正在找的宇宙或物理書，那更是完全進入讀書模式，啟動幻想的時間。

但是，我並不覺得這樣有什麼不好，不如說在雜亂中構思想法，是我的工作風格。我的思考模式是當腦海浮現什麼想法，馬上先記在日誌上，之後重看時，再一邊將點子具體成形。

我是從兒時的體驗中學習到自己的風格，如果我母親是個天天叨念孩子整理收拾的家長，我大概不能建立自己的思考風格吧。

為了找到熱情，父母可以做的事

不久前與編輯見面，他的孩子才兩歲，這位編輯跟我做了諮商。

「我不希望孩子讀國中的時候，變成一個對任何事都冷淡無趣的人，我希望他找到可以熱中的事。那我們家長能做的，就是給他很多選項嗎？」

從他問問題的方式，我想他大概是希望我說「對」吧。的確，給孩子選擇，告訴他未知的世界，體驗形形色色的經歷是件好事。

但是，我的回答更簡單：

「父母應該注意的，是不要奪走孩子原本的好奇心。」

因為**孩子本來就是好奇心的集合體，他們一面受到好奇心的驅使，隨心所**

欲的挑戰各種事物，一面長大。

然而，從進小學之後，老師叫大家一齊坐下開始，孩子的自主性就一點一滴的被奪走了。

例如，有沒有見過放學途中，小朋友把大水窪當成山崖的兩側，眼光閃亮的說：「我要跳躍這個山崖哦！」看起來只不過是個小遊戲，但是他把眼前的景象，比擬成另一個場景，做出狀況設定，把自己當成故事的主角。光是這樣的思考活動，就能鍛鍊創造力，而且努力跳越乍看跳不過的距離，這一連串的行為，也鍛鍊了挑戰企圖、嘗試力和身體能力等。

如果想要重視孩子的自律和好奇心，最好不要用大人的尺度將這種體驗視為：

「不要玩了，會把衣服弄得髒兮兮！」

「不要做那種沒意義的事，快去做功課。」而加以阻止。

如果孩子的興趣是玩電動或足球等顯而易見的娛樂，也許還容易察覺。但是，有些孩子只是享受發呆幻想的時間，從家長的角度也許會認為：「我們家的孩子沒問題吧？」但是這種時間才真正重要。大人能做的事，是在孩子對某件事有興趣，沉迷其中時，去了解他的腦袋在想些什麼，然後給予尊重。

父母的兩難 專注雖好，但是只用在打電玩上也OK？

動畫、偶像、模型、程式、電玩……

孩子會迷上什麼，我們不知道，就算是大人無法理解的事物，只要孩子可以迷上什麼，都是幸福的事。而且，專注於某件事，只不過是「剛好在那個時機迷上了」，父母不用過度操心。

但是，如果專注的事物成為孩子固定的個人嗜好，狀態持續很久的話，那麼，也許就可以對時間的分配方法給他建議。

例如，家長覺得孩子每天關在房間裡看漫畫，「社會價值」等於零。但喜愛歷史的孩子也會做同樣的事，他們每天在圖書館讀艱深的書，看起來好像在用功，但其實他本人只是享受閱讀冷僻知識的樂趣，與動漫阿宅一樣，都是沉迷在興趣的世界。

當然，把這些當成嗜好，著迷其中，並沒有問題。

但是，我們是不是可以教孩子，**所有的知識與技巧，在傳授給別人的那一刻，就會變化成「有意義的事物」、「發揮價值的事物」**呢？例如，讓孩子多多體驗「把喜愛的動漫在推特上分享後，大家都好喜歡」的感受也很重要。因為，孩子若能從小累積自己對世上有所價值貢獻的感覺，會影響到以後出社會時，積極向外部活動的態度，總而言之就是自主性。

而且，向他人或社會發出訊息，必然會得到回饋。主動式學習就是這麼回事。一旦有回饋，學習的深度便會改變。

得到肯定的回饋，會轉化為自信，想要增加更多知識。即使反應與自己的目的不同，但有可能轉念想到「也許是表達方式不對」、「也許是自己理解得太淺薄」而開始試圖做各種嘗試。不管哪一種，這些都是孩子決定把它視為固定嗜好時想不到的結果。

孩子性格內向，專注其中時，大人可以為他扭轉現況，創造對外接觸的機會，因為父母的立場，應該最容易創造這種機會。

當然，只是聊些浮面的話時，沒有必要勉強深入那個領域，不懂的時候就問，也是一種很棒的回饋。

「這看起來好像很有趣，你能說明給我聽嗎？」聽完孩子的話後，再說：

「原來如此，爸爸以為是這種感覺，你認為呢？」

用這種方式會比起單純點頭，給孩子更多回饋。

這種時候若能**用語言說出孩子沒有察覺到的價值（他的拿手部分或過程），那就更為理想**。

如果是使用網路來發出資訊的話，必須思考自己是在何處、向誰、用什麼方式發出訊息。如果是作品的話，在Instagram上傳照片也行。網路上會出現反應，即使對一人世界專注的某件事，只有一個人點「讚」也無妨。得到反應，就會把意識轉向他人，從此之後，在享受個人嗜好時，也都會在意識到「發訊」下思考和蒐集資訊。

「來挑戰吧！」打動不了孩子——「美國年輕人」

小時候在大人嚴格管教下成長的結果，很多孩子失去自信，或是過度在意評價、莫名害怕失敗。要如何才能幫這些孩子找回他們的挑戰熱情呢？重要的是為他們建立「心的安全狀態」。

「**心理安全狀態**」是心理學用語，指的是一種不會在乎周圍的反應，可以自然表現出自我的環境。麴町中學與腦神經科學專家青砥瑞人先生一同研究「心的安全與教育」，舉行公開座談。這裡我把青砥老師教我們、十分有幫助的腦內機制解說一下。

人的大腦分成幾個部分，其中的「前額葉」讓我們與其他動物有了決定性的差異。在人類而言，前額葉負責高級腦功能，也就是學習、計算、邏輯、長期的視野、感情或情緒的抑制等功能。近年來，前額葉的機制漸漸被解開，當處在壓力太大的狀態（心的危險狀態）時，它的功能就會衰退。

經常被周圍大人斥罵的孩子，前額葉功能低落，所以他的行為錯誤率增加，或是對不該做的事判斷緩慢，於是更加惹火父母。尤其面對發展有特性的孩子，父母甚至覺得「自己管太鬆了」變成反效果。罵得越厲害，行為就越有可能升級。如果此時能夠建立「心的安全狀態」，不要給大腦增添壓力的話，前額葉就能活潑運作。而且人對未知事物的挑戰意願也會提高。

那麼，如何建立心的安全狀態呢？

想要做到這點，**就要尊重孩子的自由意志、打造不否定他的環境**。最能夠清楚展現出不否定效果的，便是「美國年輕人」(Young Americans)主導的研習會。

「美國年輕人」是一九六〇年代成立的美國團體，以大學生為主的小組在接受訓練之後，遠征到世界各地的學校，在三天時間內教孩子唱歌跳舞，並讓他們發表一小時的音樂劇。

他們的指導方法十分獨特，過程中絕對不出言罵人。如果在日本，用三天時間教孩子音樂劇，恐怕得要採用斯巴達方式吧。如果遇到不聽話的孩子，就會說：「其他的孩子大家都在唱，你也一起唱。」但是美國年輕人的大學生一律不用這種說法，因為他們對孩子的意志，給予最大程度的尊重。

「美國年輕人」也來麴町中學實習過。

第一天，在四十多名大學生中，孩子們從自己想跟隨的人中選一人。大學生們興致高昂，與孩子們的反應平平恰成對比。愛好唱歌跳舞和喜愛英語的孩子，率先勤於練習，可是大半沒這方面興趣的孩子，恐怕覺得這個空間令他們坐立難安吧。

有的孩子困惑的面對異樣氛圍，有的孩子缺乏信心，覺得「自己好像不會吧」。更有孩子說：「唱歌跳舞太無聊了。」很多孩子連處在那個圈圈裡都難以忍受，靜靜的坐在體育館的角落。大學生們去向他們每個人打招呼。

「我覺得一起唱會很有趣，不過坐著觀賞一定也很有趣，想玩還是不玩，你們自己決定，沒關係。」

大學生們像這樣，給孩子們自由的選擇。

於是面帶不安的孩子們，一個又一個的開始挑戰。

不管是節奏感太差，還是五音不全，大學生們絕對不批評，不只如此，大家對孩子們勇於挑戰，都熱烈鼓掌。一旦做得好，便熱烈的舉手擊掌。當然，孩子們的表情也漸漸開朗起來，平時安靜的孩子，也和大家手舞足蹈，高興的大喊「耶——」。

隨著時間過去，一直在旁邊觀望他們快樂的模樣，頑固的堅持「這種玩意兒真無聊」、拒絕參與的孩子們，也慢慢站了起來。到了最後一天，每個孩子都展現出積極享受的樣子，音樂劇也越來越精彩。

美國年輕人的教育價值並非在正規教育，而是讓孩子體驗到以前不知道的自己。很多孩子告訴我「打破了自己的殼！」、「會挑戰的自己誕生了！」等感想。身為教育者的我，看到孩子破殼而出都十分感動，如果家長們看到的話，一定更是如此吧。

在這裡，我想說的絕對不是：「請和貴子弟的學校遊說，採用美國年輕人那種團體。」

失敗ＯＫ，唱不好也ＯＫ，自由選擇更ＯＫ。

我想說的是，能不能多給孩子們挑戰新事物的機會呢？能不能在家庭或學校打造更多這樣的環境呢？

挑戰新事物，不同性質的事物，是自律的第一步，同時，也是身為人的成長機會。因為自己感覺相異的事物，必定與現在的自己存在著差距。對新事物決定自己的目標，向其挑戰，發起行動，就會漸漸意識到差距。

這種差距並不是只針對「跳舞很遜的自己」的技術層面，也包含「害怕投入氣氛高昂的群體的自己」或「未說先害羞，不敢大聲唱歌的自己」等思維模式，還有自己性格的強項和弱項。弱項沒有必要克服，只要了解，等出了社會就有用。

大人的重要任務，在於能製造出多少機會，讓孩子對性質不同事物感興趣。我認為這更是奠定個性的前哨站。

什麼樣的大腦容易產生「挑戰熱情＝心理安全」？

那麼，具體來說，什麼樣的方法可以創造出心的安全狀態呢？

有兩個方法，一種是像美國年輕人，打造「就算失敗也ＯＫ」的環境。麴町中學正努力貫徹「失敗ＯＫ」、「與人不同ＯＫ」的文化。

不過，實際上如果問我，現在日本所有教育現場會轉變成這種環境嗎？我無法肯定的說是。孩子對什麼感興趣時，大人就說「只要念書就好了，不要搞其他多餘的事」，若是做了失敗，大人就怒罵：「你搞什麼啊！」這樣的話，必然會澆熄挑戰的熱情。話雖如此，但這並非學校單方面的問題，也是社會整體的問題。社會充滿了各種會在心理造成危險狀況的因素，在這樣的環境中，如果不想對這些因素感到壓力的話，該怎麼辦才好呢？

那就是把孩子的腦變成「容易建立」心理安全狀態的大腦。其中一個方法，是提高第三章解說過的預測能力與情緒的控制術，和形成共識力等。平日就要再三告誡孩子「世上的事並不能盡如己意」，幫他把注意力導向「遇到不如意的事時，自己的情緒要如何反應」，建議他情緒控制的方法。

一而再，再而三的提醒中，孩子冷靜看待自己的能力提高，壓力的感受就會減少。甚至，如果能夠事先建立預測，就能在行動時變化為對壓力無感，也容易維持挑戰熱度。

例如，假設孩子對班上存在的班規產生疑問，對心理沒有處在安全狀態的孩子來說，他連向大家提出問題都害怕。但是，若平常加以訓練的話，在提議之前，大腦內已經模擬過了，這就能夠減輕壓力。

像歐美那種大方抒發己見已成為文化的國家，從一開始就具備了心理安全的環境，所以也許不需要實施這種教育。

但是，在對別人目光過度在意、同儕壓力強大的日本社會中，想要增加勇於付諸行動的孩子，讓他們從理論上學會自己大腦裡究竟發生了什麼事，可以是一種解決方法。

為了讓孩子改變為「容易建立心理安全狀態的大腦」，大人可以做的另一件事，是教導他們「**失敗並不是壞事**」。

大家知道「棉花糖高塔」這個遊戲嗎？每個隊伍會先拿到義大利麵條二十支、棉花糖一顆和膠帶，大家必須在規定時間內，盡可能將棉花糖放得越高越好。可以多次嘗試，比賽高度的平均值。曾經有商業人士與幼稚園小朋友比賽這個遊戲，結果商業人士隊輸了。

失敗的原因是，大人們在理論上太鑽牛角尖了，遲遲沒有動手開始做。規定時間內，大半都浪費在設計的討論，直到最後當把棉花糖放上去後，高塔卻倒了……這樣重複了好幾次，結果商業人士隊只有一次成功放上棉花糖。

相反的，幼稚園小朋友一次又一次放上棉花糖又倒下，成功放了七次。這個遊戲成為不怕失敗的孩子與害怕失敗的大人，最具象徵性的對比實驗。

我聽了這個故事，不禁告誡自己：「孩子幼年時的挑戰熱情那麼旺盛，長大成人之後，卻變得腦袋僵化，失去了挑戰熱情。」

育兒書經常提到，想要培養不怕失敗的孩子，訣竅就是不可只讚美結果。孩子在學校裡得了第一名，父母總會不自覺的說：「好棒哦，你得了第一名耶。」在運動隊裡被選為常規選手時也是，父母忍不住抱著讚美的心情說：「升上先發選手了，開心吧！」

但是這種話說多了，不知不覺間，孩子會變成只在乎「得第一」或「成為先發」等「結果」的人。

尤其是**父母經常讚美「排名」或「勝敗」的話，孩子就會成為自認「自己的價值是和別人比較來決定」的大人**。當然，在乎結果的最後，有些人出了社會，有了大成就，但更多的人只專注於結果，而飽受挫折。

舉例來說，常常看到小學時代校隊裡的王牌人才，進了國中卻大受挫折，因為升上國中後，體型差距消失了，所以被周圍的孩子追過去了。如果這孩子在小學時大人總是讚美他「王牌」，受到的挫折會很大。結果，本來他的確有優秀的資質，卻因為鑽牛角尖的認為「自己沒有才能」、「不適合」，失去了挑戰意志，最後退出校隊。這種孩子，我不知看過多少。只因為無法滿足大人任意設定的期待值而失去自信，身為教育者在旁看了真的很難過。

為了避免這種事態，重點在於不要一味稱讚結果，而是**好好的讚賞孩子們下的工夫和來回試驗的過程**。

但是，讚美過程時也**必須注意到「辛苦了」之類的話**。我自己也常常脫口而出，不過「辛苦了」只是一種抽象性的讚美，如果老是用這種詞，不知不覺中，就會頂替成堅毅、耐力之類的精神論。一旦拿不到好成績，以後有可能就走向「自己沒有耐力」的自我否定想法。

那麼，該怎麼做呢？理想的讚美是大人將孩子自己下工夫和不斷嘗試的過程，用語言說出來讚美。

例如，孩子自發性的參加足球的挑球練習，你問他：「為什麼要做挑球練習呢？」如果他回答：「因為我很不會控球。」你就可以讚美：「原來如此，你想要克服弱點是嗎？真厲害。」

進而還可以說：「最近你都在晚餐之前練球，試著增加集中力對吧？」讚美他在自己生活中回顧行為模式，將它規律化，以便維持下去。

於是，**孩子心裡就會落實自我的後設認知為：「正向的自己正努力克服負向的弱點」**。

孩子失敗時的關心也很重要，責怪結果毫無道理，「下次要努力」的說法，等於暗指「這次沒有努力」，所以根本沒有幫助。為了讓孩子意識到人可以從失敗中學習，重點應該是把焦點集中在沒有進步的原因，和如何發揮優點，專注於課題設定和具體的手法。這麼一來，藉由語言具體的陳述出孩子的「努力」，對他們的嘗試錯誤賦予價值。

我為什麼教學生「夢想未必能實現」

「應該要教孩子夢想要實現嗎？不應該教嗎？」

這是在育兒和教育方針上經常可見的煩惱，它與挑戰熱情有著密切關係。

至少，我在孩子們面前，從來不教「夢想應該要實現」。但是，這並不表示我否定抱持夢想。每每遇到這個話題，我會這麼說：

麴町中學位於都市的精華地帶，周圍全是高樓大廈。

「夢想未必能實現，但是，機會只給朝著夢想踏出步伐的人。」

刻意跟孩子們說「夢想未必會實現」，是本校的特色。

由於本地有許多家庭對教育非常關心，每年進入本校的一百四十名新生當中，只有四十人以本校為第一志願。也就是說多數的孩子在國中考試中夢想破滅，對這樣的孩子，我們不能說出「夢想會實現」這種不負責任的話。

毋寧說，我們教師的重要任務之一，

是幫助因考試中失敗，而失去動機、找不到目標的孩子找回他們的自信心。在某個環境下，都有一定數量的學生依賴心重，誤以為周圍的大人會幫自己做些什麼。這種孩子不用說都受到父母思考方式強烈的影響，所以到了這時，變得更加死心眼。

所以，孩子入學之後，我們會一再的告訴學生：「雖然有些孩子是不情願來這所學校，但是國中、高中或大學，都只不過是出社會前的中途點罷了。」

當然，面對準備考高中的學生，我會對他們說：「大家都在為考上志願而努力，不過不可能所有人都考上。但是，即使進不了志願學校，也不用放在心上，因為各位的目的並不是考進學校，而是尋找在社會上要以什麼姿態生存。」因為我希望在本校三年中找回自信的孩子們，不要因為考不上志願學校，又再次失去挑戰熱情。

「那個導師的錯」——拔除歸咎他人的思想

本校廢除班級的固定責任制，由學年全體教師負責導師業務。每當學生或家長來學校諮商時，可以找任何一位學年導師。我也告訴他們可以和我這個校長直接聯絡。本校雖然推動了各式各樣的學校改革，但是廢止導師這一項政策，在任何學校都能有立竿見影的效果。當然，在幼稚園和小學低年級時，可能參與人數越少越好，因為有些孩子在發展上有特性，需要花時間才能建立人際關係。

廢除責任制的理由很簡單，因為我認為給孩子最適當的對應很重要，就如同醫療界當中有「團隊醫療」一般。次要的效果而言，就如在作業那一節提到，有責任導師在的話，有可能剝奪孩子們的自律心。喪失自律心的孩子對第三者有很強的依賴感，一有什麼事不順利，就有怪罪其他人的傾向。這一點在有班級導師的時候，所有的問題都會歸咎於「都是那導師的錯」。

各位應該想到了什麼吧。自己成績不好，在班上沉不住氣，與同學頻頻吵架，全都是導師的錯。幾乎所有的父母也這麼想，事實上教師們也都陷入同樣的想法。學校一有問題發生，大家就會聯想：「啊，都是因為導師是他。」

怪罪別人與沒有當事者意識的意義相同，所以，許多問題就這麼擱著不管。我心中的理想社會，是到處充斥著主動解決問題的人才，所以在當上校長之前，就對責任制抱持著疑問。

就任校長之初，我嘗試過兩人責任制，分為主導師和副導師，但馬上發現這麼做有缺失。雖然分為主副，但所有的老師們都想要當主導師，就在討論必須培養主導師的期間，班上已經發生了大小問題，如果資深教師出動的話立刻就能解決，但因為有主導師在，其他的導師就不出手幫忙。孩子們的問題應該被視為最優先解決，然而卻因為導師制的關係，問題就擱置一旁，這種事實在不應該發生。

「廢除導師制之後，就無法隨時看著孩子了不是嗎？也不能做較細微的追蹤呀。」

也許有些人擔心這樣的問題。

但是，負責學年的教師們會緊密的共享資訊，在多位老師關注下，一有異狀反而更快發現。而且，緊迫盯人的追蹤也要視內容決定，許多老師對孩子的問題介入超出必要。本校的指導基本立場，是盡量交給學生處理，只有在重大的時候支援。所以不存在因為沒有導師而衍生的問題。

廢除責任制之後，孩子們也起了變化，原本依賴的對象不見了，孩子們日常的「炫耀導師」和「批判導師」對話消失了。**有責任制的話，許多學生不論如何都會有「我們班的導師最差勁」的不幸感**，但這種孩子也沒了。取而代之的是，班上出現什麼麻煩事時，他們會先自己思考該怎麼做。即使需要和老師討論，由於找哪個老師都行，所以孩子們也必須先想清楚「哪個老師較適合」。從這時起，孩子們成為班上問題的「當事者」，這種意識的改變，家長們也看在眼裡，責任制廢止後，家長對學校的抱怨也減少了。

委任權限，孩子自然而然養成自律——委員會制度

提高孩子們當事者意識最簡單的方法是什麼呢？那就是委任權限。

「這個班不是老師的，而是屬於你們的。所以請你們創造一個最完美的班吧。」

我在第一節課時，清楚的如此告訴學生。為了培養孩子們的自主性，班級的自主營運是我從新手教師的時期開始，就一直持續的做法。

自主營運的精髓，在「服務委員」的位置。

一般的班級，通常會有正副班長兩名擔任領袖，除此之外，我再建立「服務委員」制度，召募六名有意願者。我的做法是不論條件，先搶先贏。

如果把班級比喻為公司，我就是退居幕後的會長兼顧問，班長是控股公司的社長，而「服務委員」就是附屬公司的社長。這一年內，就由兩名班長和六名服務委員，共計八人擔任班級的核心。

八人要決定成立什麼樣的委員會，然後，六個委員會成立後，將其他同學分配到各委員會去。由各服務委員為主軸，孩子們必須對自己負責的領域，發揮智慧思考規則與架構。

當然，他們的點子也未必完全都可行，服務委員需要主導，將各個公司討論的點子在班會上簡報，接受全班同學的反饋，日後提出修正案。全班表決，如果獲得採用，就會成為新的班級規則。如果有同學不遵守規定，思考因應對策乃是委員會的工作。

服務委員會的特色，與一般由老師決定班規，各班成員操作運作的班級制度不同，可以自己建立規則。於是，孩子們的幹勁也完全不相同。

說句題外話，之前我在山形教書的時候，我所帶的班級午餐準備和收拾速度全校第一，午休總是第一批到校園裡休息的學生。因為孩子們定下「幾分之內要準備好」的目標，然後大家一起動腦筋想出辦法。

在那段期間，我的工作只是給組長建議而已，建議的內容也不是點子，而是發動同學的方法。

於是，八名領袖漸漸上手，在四十人的班級中，相當於五分之一的人數，算是不小的團體了。經過一年、兩年、三年反覆練習的經驗，大家都成為領袖，老師們幾乎什麼事都不用做。

在後方支持，固守等待

「對我們家的孩子，可能還太早吧。」

父母抱著這種想法，幫孩子的行動踩煞車，或是出手干預孩子的行為。

不論什麼家庭都能看到這種場景。如果那個行為有性命危險的話另當別論，若是沒有，不妨多鼓勵孩子積極的去做。

也許你會驚訝的發現：「**我們家的孩子原來這麼能幹！**」

在本校，我們會讓報導部（相當於其他學校播報社的組織）的孩子們製作文化節、校慶的開幕視頻。這些孩子動力充沛，有時甚至通宵剪輯，直到上場之前還一再修改。最近他們的水準已經讓大人相形見絀，老師和家長都驚嘆連連，完全想不出他們是如何做出來的。

其實最早的出發點，只是因為學生們說「想辦文化節」。

在我就任校長之前，學校原本沒有文化節這個活動。

初就任時，麴町中學是個升學成績斐然的學校，但是以學生為主體的活動，可以說完全沒有。有一次，孩子們說他們想辦文化節，我說：「好啊，那你們就辦辦看。」從此之後，學生自己主辦的文化節就成了學校新的例行活動。

第一年，孩子們畢竟不太了解狀況，所以文化節的企劃、營運、視頻製作等，都在大人的多方協助下完成。而擔任重要任務的是自由播報員赤平大先生。赤平先生對學生們的建議、給年輕教師的指導，給我們很大的幫助。

第一年度開幕播放視頻時，學生們發出震耳欲聾的回響。

內容很簡單，學生們模仿須藤元氣（譯注：前格鬥摔角選手，創立機械舞團體「世界秩序」，現為歌手、演員、作家）的舞嘯，排成一列從學校外走入，在校園間繞行。隊伍進入體育館時，真人從舞台側邊出現，然後大家一起舞動。

當真人學生出來的瞬間，全場的氣氛High到最高點。

「從來沒有見過孩子們發出那麼大的聲音，歡聲雷動。」每個人都嚇到了。

最近孩子們的眼界變高了，會場的高昂氣氛說起來還是第一年度最熱烈。出乎尋常的激動，很可能是因為孩子們無法想像「自己舉辦文化節」是什麼樣子，直到看見視頻和在舞台上表演的舞蹈，才第一次體會到這種感受吧。

尤其看到有些潑冷水，冷嘲說「反正一定不好玩啦」的孩子，表情漸漸變化的瞬間，真是畢生難忘。文化節從那次之後，大人干預的頻率大幅減少，去年舉行的第四屆文化節，感覺已是貨真價實的「自辦文化節」。

教師們並沒有攝影或剪輯的專業知識，所以，請到在影視業界工作的專業人士來指導。但是，他們教的只是基本的使用方法，或是便利的訣竅，對實際的內容，大人幾乎沒有插手過。

與孩子們距離較近的大人（老師）有時不知不覺會干預過多，插手越多越會剝奪孩子嘗試的機會。自己興辦的感覺越淡薄，幹勁也會越打折扣。

這一點，校外協助者一面活用孩子們的想法，並且給予準確的選擇，讓孩子知道「還有這些選項哦」，所以，孩子們的點子越生越多，品質跟著提升，孩子們也品嘗到滿足感和成功經驗。

讓孩子從事某件事時，**重要的是孩子們能有「是自己完成的」的感受**。因此，祕訣就在大人一定要在後方固守支援孩子的角色，絕對不要跑在孩子前面。

最後的原則：「全體家人的幸福」

即使父母願意讓孩子盡情的做他想做的事，可是當孩子開口說，他不想上高中時，父母會怎麼反應呢？

「OK，完全支持你。」

想必不會有很多家長有信心這麼說吧。事實上，我也經常接到這種諮詢。

在這樣的時候，我總會提出一個建議的尺度。

那就是「**全體家人的幸福**」尺度。

當孩子表明意願「不想上高中」，而父母強迫要他上的話，不只是奪走孩子的意志，親子關係也可能因此崩潰。

有的家庭孩子討厭父母，與爸爸媽媽冷戰不說話，也有的家庭兄弟間發生衝突。

「話雖如此，但大家都是一家人，應該會重歸於好吧。」這種期待也許是幻想。

我希望大家明白：「有些事一旦破裂就無法挽回，總之，應該把家庭不要陷入不幸視為最優先。」

幾年前，有個學生父親為了升學志願，跟國中女兒大吵一架，因而來找我諮商。女兒希望選擇可以繼續最愛社團的高中，但是爸爸希望她能進偏差值（譯注：日本用來計算學生智力、學力的公式值，指距離相對平均值的差距）更高的學校。當然，爸爸是為了女兒的未來考慮。日本企業現今尚未對女性有正當的評價，考慮到這一點，即使有學歷，如果能提高水平的話，將來的選擇也比較寬廣。

但是，儘管爸爸苦口婆心的說明，他與女兒的對立只有越來越深。

他更嘆道，最近女兒完全不理他了。

這時候，我對那位爸爸這麼說：

「我非常了解您的心情，您說的一點也沒錯，但是，令嬡與您的關係已經降到冰點了吧。

「女兒出生時，您一定覺得這世上怎麼會有這麼可愛的寶貝吧。

「第一次會爬的時候，看到她能夠按自己的意思移動，一定很感動吧。

「一身疲倦回到家時，只要一起洗澡，所有的疲勞就消失無蹤了。

「可是，現在卻是如此僵持對立。

「那麼，這種對立何時會和解呢？

「如果照著您的想法，現在擬定考試方針，進入有名的高中，以後進入優秀的大學對吧？畢業後出社會，成為獨立的大人。

「到那時候，您女兒與您的關係，完全不會改變哦。

「這會是您希望的幸福嗎？

「讀高中只是一種手段，而且，您和女兒不會永遠生活在一起，這是她自己的人生，不能讓她自己決定嗎？

「如果哪天女兒突然想要用功，到時候您再默默支持她就好了，不是嗎？」

爸爸的表情陡然一變，似乎想通了。

其實，我自己也有過苦澀的經驗。

我想許多家庭也有類似的情形。爸爸和兒子的關係，在孩子上高中之後就變成像是對手的關係。

前幾天，久違的和大兒子有了見面的機會，那時兒子半開玩笑的說了這樣的話：

「寫了那麼多大道理，可是在家裡完全不是那麼回事。」

兒子雖然是開玩笑，但是，有一件事我心裡十分內疚。

大兒子是個熱愛足球更甚於讀書的孩子，當他小學五年級時，我因為某個原因，考慮讓他考私立中學，於是趁著兒子升上六年級的時候，送他去上典型填鴨式教育的升學補習班。

從補習班回來已經晚上十點，帶回數量龐大的功課，我看得出他的表情一天比一天疲倦。

當然，兒子為了準備考試，把喜愛的足球也停了。我一直很後悔，為了升學考試等藉口，讓兒子不能再踢他喜愛的足球。

除了這件事之外，兒子想做的事，我從未阻止過，基本上都任由他決定。但是，就那麼一次的限制，便強烈的深植在兒子的記憶中，我每次想到都感到後悔。

父母強制孩子做什麼，通常都不會有好結果。即使非要修正軌道的時候，也不要單方面的強制，基本上還是要尊重孩子的意見。一再的對話，同時注意不要淪於說教。然後將最終判斷交給孩子。只有這樣才能對話下去。

如果這時候，家長能想起「全體家人的幸福」這個尺度的話，也許說話的方式也會改變。

父母的煩惱 單元

「不及格的父母？」這麼完美的教養我做不到

不能自律的孩子，問題的本質出在發生狀況時，習慣歸咎於他人的思考模式。這是從孩子還小時就根植的觀念，不太好處理。

這麼一想，父母距離孩子最近，他們的影響之大無法估量。

各位知道有一首詩叫做〈子為父母之鏡〉嗎？

這是《孩子在生活中學習》一書中引述的詩，開頭的第一句是：

「在責難中長大的孩子，容易怨天尤人。」

第一次讀到這首詩時，我反省了很久。也許讀者當中也有人讀了這首詩之後，覺得「理想父母」的門檻一下子提高了許多。

把理想父母作為目標去努力是很重要。

只是，有的父母太強烈的敦促自己「必須成為更好的父母」，反而失去自信，認為「自己是不及格的父母」，不時責備自己。

通常母親的這種傾向比較強。

壓力的矛頭也指向父親。父親一面責備太太：「你要管緊一點！」一面也會自責：「我也許不是個好父親。」

於是，若是父母平時就「責備自己」、「責怪別人」會如何？它就成了一面鏡子映照在孩子身上。

孩子從責怪自己或別人的父母身上學會的是什麼？

責備自己（自我否定）與責怪別人（歸咎他人）。

在這種狀態下，一旦父母無心的脫口而出：「都是朋友害的」、「你們班的導師害的……」孩子立刻就會聽了進去。

把批評別人當成家常便飯的孩子，最後會責怪誰呢？當然是父母，批判的對象會指向付出無償母愛的母親。

所以，如果能依據「子為父母之鏡」的精神，反省自己的同時，也告訴自己「話雖如此，但天下沒有完美的父母」，不也很重要嗎？這是我在教壇執教近四十年，看過無數親子關係後的感想。

結語

不怪罪他人，主動面對問題，解決問題的孩子。

能夠尊重差異、透過踏實的對話，謀求共識的孩子。

請想像一下，這樣的孩子在全國企業、行政、教育機關等地方工作的社會。

它一定會在日本各地引發革新的旋風，二十年，不，不用十年，日本就會產生劇烈的變化吧。

因此，必須帶頭先改變的，是參與孩子教育的大人。

改掉動不動就怪罪別人的毛病，自主的思考、判斷，展開行動，成為自律的大人。

總而言之，為了培養自律的孩子，大人也必須對社會抱持著當事者意識。這正是現今日本的重大課題。本書介紹的雖是本校的事例，不過每一則故事都能映現在我們大人身上。

談到教育，不時有人會以北歐的教育為範例。了解範例作為尺度很重要，但是，只會在觀眾席叫囂「芬蘭最棒！日本差勁」的話，什麼也不會改變。

此外，不能否認，現在日本的教育太過注重忍耐、合作、禮儀等的美德。以前，這些美德確有維持生活安定的一面，但是，時代改變了，應該優先重視的事也大為翻轉。

那麼，哪些部分應該優先重視呢？

還有，現下的架構必須做哪些改變呢？

為了孩子們，現在大人追求的是切實的一一改善這些問題。我們沒有理由繼續與他人比較、怪罪他人，沉溺在不幸的氛圍中。

即使是大人，也有很多人擔憂自己置身的環境，但是，請想一想，這個「環境」是人類造成的。如果人類能造成，人類就能改變。我們不能不覺察，建立這個社會的就是我們自己。我們大人應該要抱持當事者意識，它和我們對孩子的教導，也許是一樣的。

我要向大家坦白一件事，從我最初擔任教職的山形調職到東京時，受到了強大的衝擊。

「東京的教育太腐敗。」

「教師不再是從前受人尊重的工作了。」

教師不想看見本質，體罰常態化，滿口髒字眼，孩子們心中即使想反抗，但是卻討好強勢的老師，嘲笑弱勢的老師。看到這種現象，我真的很煩惱，可以讓我寶貝的兩歲兒子，進入東京的公立學校嗎？

但是，學校一點一滴的在改變。

我聽說，出現了一所學校開始注意學習本質，廢除了作業。

如果教師、家長會、教育委員會、行政、地區居民、企業，以及所有家長們都停止「怪罪別人」，抱著「自己能做什麼？」的意識，參與孩子的教育，學校、社會一定會改變。這道風確實吹起來了。讀完本書的各位讀者，我誠懇的希望你們能抱持當事者意識，起來行動。

最後，我想在這裡向麴町中學的教師、不惜辛勞支持孩子的家長們、校外的各位協助者，還有我在山形開始教書時的許多前輩和同事、後來遇到的許多教育委員會、大學、民間企業人士、妻子和兩個兒子，以及所有學生說聲謝謝。

包含麴町中學，不論在哪個學校，我見過很多發生問題時，孩子們努力克服、戲劇性轉變的樣貌。每天，我都被孩子們與生俱來的高能力感到驚訝。本書的「非常識教育」正是他們教導我才誕生的。所有的學生們都是我的驕傲。

工藤勇一

Special Thanks!

感謝各界向我們表達支持「非常識教育」理念的人士，也謝謝所有閱讀本書的朋友。

山口牧人　野牧宏治　和田真純　望月陽一郎　中原真吾　岩田弘志
中島崇史　永島宏子　梶谷美由紀　大阪市公立中學的家長
大西塚也　增田由紀　齋藤祐　黑田優子　橋口嵩　高澤典義
渡邊真龜子　藤井善章　宮永厚　荻島千佳　田中利惠　山下搖介
伊藤智子　中村洋子　星野尚　Ahiru　小松仁美　原田玄樹
鈴木剛　長沼豐　岡崎正和　鮫島純二　清川香織　Numayan　吉野龍一
Atsunyan　simamaro　青信號　塩田直之　山本昌平　山本武史
青木知宏　FISHU 明子　中村友昭　RUKAKO　井上貴至
八塩知之　横田由美子　鈴木昌　建部和美　安東宏　小西一幸
藤井梓　齊藤一美　菊田隆一郎　福井洸輔　安部亨
高田昌輝　岡崎正則　平田徹行　飯野健二　金澤禮　原淳子　橋本一慶
2030VISION　木下雄輔　新城敦　安居長敏　金木島誠太郎　塚田直樹

齋藤曉生　Nishimuranami　佐倉理佐　山本崇道　福田百合加　宮本繁德
大塚直美　石黑武夫　阿部和廣　坂下充輝　cielo　宇野直木
田畑榮一　前川智美　岡崎博吉　Brian佳世　松浦博孝　江藤由布
久田佳孝　大井邦子　大天真由美　山本岳　園田毅　林俊治
AsukaTakahashi　新崎綾子　向祐佳　高橋香奈　鄭玉珠　磯部賢治
小清水百合　Missan。廣瀨久忠　工藤茂廣　山崎隆史　長谷川孝
野田百合子　長谷川誠　丹內誠　鷲見俊介　鶴長隆盛　藤谷真
大藪章子　米田謙三　中村多惠子　金子誠　富永香羊子　長田吉榮
甲斐英幸　岡本久美子　山田有里　田中豐美　神永典郎　山下廣樹
齋藤亮次　伊藤puradahan信美　濱口將成　桝田博子　角田雅仁
宮山敬子　播磨正浩　高田奈奈　工藤祐一　齋藤瑞穗　山本正實
脇奈津子　沼澤和義　竹村美幸　田中利惠　清水惠美　宮脇文惠
山下貴弘　小谷春美　田村志織　玉野井由加利　內田一哉　伊佐山清實
Urushi一（二〇一九・十・一更新）

Special Thanks!

啟動自主學習力：沒有段考、導師和功課的學校，如何造就未來最需要的人才

2021年4月初版
定價：新臺幣320元

著　　者	工藤勇一
譯　　者	陳嫺若
叢書主編	李佳姍
校　　對	陳佩伶
內文排版	黃暐鵬
封面設計	王瓊瑤

出　版　者	聯經出版事業股份有限公司
地　　址	新北市汐止區大同路一段369號1樓
叢書主編電話	(02)86925588轉5320
台北聯經書房	台北市新生南路三段94號
電　　話	(02)23620308
台中分公司	台中市北區崇德路一段198號
暨門市電話	(04)22312023
台中電子信箱	e-mail：linking2@ms42.hinet.net
郵政劃撥帳戶	第0100559-3號
郵撥電話	(02)23620308
印　刷　者	文聯彩色製版印刷有限公司
總　經　銷	聯合發行股份有限公司
發　行　所	新北市新店區寶橋路235巷6弄6號2樓
電　　話	(02)29178022

副總編輯	陳逸華
總編輯	涂豐恩
總經理	陳芝宇
社　長	羅國俊
發行人	林載爵

行政院新聞局出版事業登記證局版臺業字第0130號

本書如有缺頁，破損，倒裝請寄回台北聯經書房更換。　ISBN 978-957-08-5747-4 (平裝)
聯經網址：www.linkingbooks.com.tw
電子信箱：linking@udngroup.com

國家圖書館出版品預行編目資料

啟動自主學習力：沒有段考、導師和功課的學校，如何造就未來最需要的人才/工藤勇一著．陳嫺若譯．初版．新北市．聯經．
2021年4月．216面．14.8×21公分
譯自：麹町中学校の型破り校長非常識な教え
ISBN 978-957-08-5747-4（平裝）

1.教育理論 2.日本

520.131 110004045